有英气

兵器传说图典

五色神石——著

吕洋——绘

中国致公出版社

目录

有英气

九齿钉耙

原文

此是锻炼神冰铁，磨琢成工光皎洁。
老君自己动钤锤，荧惑亲身添炭屑。
五方五帝用心机，六丁六甲费周折。
造成九齿玉垂牙，铸就双环金坠叶。
身妆六曜排五星，体按四时依八节。
短长上下定乾坤，左右阴阳分日月。
六爻神将按天条，八卦星辰依斗列。
名为上宝逊金钯，进与玉皇镇丹阙。

——《西游记》第十九回

解说

九齿钉耙，又叫做上宝沁金钯，《西游记》里写作“上宝逊金钯”，是《西游记》里家喻户晓的“二师兄”猪八戒的专用武器。由太上老君亲手锻造，玉皇大帝亲自赐予天蓬元帅，足见它的地位和威力。

“耙”是一种传统的农业用具，主要用来平整土地，后来慢慢演变成武术器械，因为可击可防，一度在军中也有所运用。猪八戒这柄钉耙，耙齿锋利，共有九个，是用上好的镔铁打造而成，连柄重达五千零四十八斤。它从设计到锻造，融入了诸多神仙的心血。太上老君亲自动手锻造，荧惑星君亲自生火添柴，五方五帝为它的设计出谋划策，六丁六甲十二位神仙也为了它大费周折。这柄集合了诸多大神心血的武器，锻造成功后就被收入了玉帝的兵器库，后来亲赐给了被封为天蓬元帅的猪八戒，成为了他的标志性武器。

九齿钉耙的耙齿、耙头、耙柄都特别有讲究。《西游记》里讲：“身妆六曜排五星，体按四时依八节。短长上下定乾坤，左右阴阳分日月。六爻神将按天条，八卦星辰依斗列。”耙头上排列着五星六曜，象征着整个宇宙的空间概念；耙柄则是按照四时八节来划分长短节点，包含了春夏秋冬二十四节气的时间概念；耙齿是按照九宫八卦来设置，可以说整柄武器融合了古人对于宇宙、空间、时间的所有概念的重要理解，成为了精华所在。传说钉耙举起时有熊熊烈火，落下时是雪花飘飘，连地府的阎王都惧怕三分。

《西游记》中有这样一段故事，在玉华州时，黄狮精把唐僧三个徒弟的兵器都偷走了，准备开个鉴赏大会，这大会就是以钉耙命名的，更证明了九齿钉耙的名气之大，甚至比家喻户晓的金箍棒还更有地位。但无奈猪八戒好吃懒做、好色贪心的懒散样子，让人们普遍忽略了他竟拥有这世上几乎最厉害的武器之一。

如意金箍棒

原文

棒是九转镔铁炼，老君亲手炉中煅。
禹王求得号『神珍』，四海八河为定验。
中间星斗暗铺陈，两头箝裹黄金片。
花纹密布鬼神惊，上造龙纹与凤篆。
名号『灵阳棒』一条，深藏海藏人难见。
成形变化要飞腾，飘摇五色霞光现。

——《西游记》第七十五回

解说

中国神话里的武器中，知名度最高的一定是孙悟空的如意金箍棒，它和孙大圣的赫赫战绩总是关联在一起，互相增添着彼此的传奇色彩。

孙悟空去东海索要武器时，龙婆、龙女对龙王说，我们这里藏着一根天河定底的神珍铁，这几天总是霞光艳艳，瑞气腾腾，看来是在等着它真正的主人。这根神珍铁也是太上老君制作的，到东海之前，它的主人是大禹，因为可以变大变小，所以在治水时便用它测量江河湖海的深浅。水患平定之后，大禹把这根神珍铁投入东海，希望能稳定水情，所以也被称为定海神针。

我们常见的金箍棒形象，是一根两头裹金中间乌黑的铁棍，花纹密布，其中有龙凤图纹。其实棒是一种一头大一头小的武器，和用于测量水文的工具很相似，现在电视剧中大多使用棍为其武器形象，形成了一种习惯。棒身刻着一行字：如意金箍棒，一万三千五百斤。这是太上老君锻造时就镌刻上去的。金箍棒的厉害之处，用东海龙王的话说，“那块铁，挽着些儿就死，磕着些儿就亡，挨挨儿皮破，擦擦儿筋伤！”这也奠定了金箍棒在人们心中神兵利器的形象。

金箍棒收缩自如，全听主人所想，大可上抵三十三天、下至十八层地狱，跨越阴阳天三界；小可细如绣花针，收到孙大圣的耳朵里。它跟随大圣，打过阎王殿，打过凌霄殿，拼过四天王，灭过取经路上的诸多妖魔鬼怪，在太上老君的炼丹炉里也没有丝毫损伤。有人说，如果没有金箍棒，孙猴子也没有大闹天宫的本事，也不会被压在五指山下，也不会成为唐僧西天取经路上的最有力臂膀，这根“天上人间称一绝”的武器也只有在孙悟空的手中，才真正“如意”，可以说是武器与持有人合二为一的最好典范。

打神鞭

原文

又命南极仙翁取一木鞭，长三尺六寸五分，有二十一节；每一节有四道符印，共八十四道符印，名曰『打神鞭』。

——《封神演义》第三十八回

解说

打神鞭是《封神演义》中元始天尊授予姜子牙的至宝。之所以说是至宝，我们先来看看它原来的主人元始天尊，他在道教中地位崇高，小说中是玉虚宫的主人，阐教教主。再来看看姜子牙，他的人物原型——历史上的吕尚被历代君王尊为兵家鼻祖、武圣，《封神演义》小说中也是主要人物。最后从名字判断，“打神”，顾名思义，可以鞭笞神仙。只这三点，打神鞭的设定可见威武。

打神鞭是一柄木鞭，有人分析说其材质也许是桃木，因为桃木本就有压祟辟邪的功效，而元始天尊的道场玉虚宫后就有一片桃林，所以会有这样的猜测。它全长三尺六寸五分，有二十一节；每节又有四道符印，共有八十四道符印，象征神力蕴藏其中。为完成封神的任务，元始天尊将打神鞭赐予姜子牙，希望能增强姜子牙的战斗实力，针对封神榜上有名之人，打神鞭可以突破一切道术或法宝，重创对手；可对那些榜上无名之人，便是朽木一块，毫无作用。比如，周营对上魔家四将时，魔礼红便用混元珍珠伞将打神鞭收走，后马元、孔宣、法戒都曾将它收去。有人因此认为打神鞭的威力过于局限，不能算是兵器榜上的优秀选手。不过，打神鞭的初次出场还是令人惊艳的，姜子牙与九龙岛四圣对阵，打神鞭一祭起，空中闪电雷鸣不止，四圣之一高友乾被打得当场丧命。之后也被屡次证明，当面对封神榜上之人，它总能现出自己应有的威力，算是十分敬业，却没有太多扩展功能的一柄武器。

雌雄双鞭

原文

且说闻太师鞭法甚利，且有风雷之声，久惯兴师，四方响应，子牙如何敌得住，甚难招架。被闻太师举起雄鞭，飞在空中，此鞭原是两条蛟龙化成，双鞭按阴阳，分二气。

——《封神演义》第四十二回

解说

闻仲是金灵圣母的门下弟子，也是辅佐纣王重要的股肱之臣，座下墨麒麟，手执雌雄双鞭，十分威武。在民间信仰中，闻仲被封为雷神，又称雷祖。雌雄双鞭本就是两条蛟龙幻化而成，雌雄对应阴阳，而蛟龙属东方，则对应了雷在八卦中的方位。此法宝一旦祭出，便有风雷鼓动，电光频闪，威力不可小觑。

《封神演义》中，闻太师是殷商的中流砥柱，形象飒爽果敢，所向披靡，并且生有三只眼睛，中间的第三只眼神通广大，能看千里之外，还能识破幻术。第一次对阵姜子牙，闻太师使出雌雄双鞭，风雷声四起，众人慌张，一下就把姜子牙打翻马下。可第二次对阵，姜子牙有了元始天尊赐的打神鞭，两鞭相对，闻太师反而落了下风，损失双鞭之一，还被打神鞭击中后背，翻下了坐骑。

雌雄双鞭在《封神演义》中确实不敌打神鞭，但也不失上乘武器的威风，哪吒、黄天化等周营猛将都挨过此鞭击打。闻太师经历殷商三朝，东征西战，为了国家殚精竭虑，但无奈殷商气数已尽，起初小胜之后，便兵败如山倒，也实属情理之中。

赶山鞭

原文

始皇作石桥，欲过海观日出处。时有神人，能驱石下海，石去不速，神人辄鞭之，至今悉赤。阳城山上石，皆起立东倾，如相随状，至今犹尔。

——《古小说钩沈》辑《小说》引《三齐要略》

解说

秦始皇作为中国历史上第一个自称皇帝的君主，在后世流传的故事中已逐渐被仙化，古籍记载了很多关于他的玄奇故事，或是拥有神力，或是与神仙相遇，彰显出他不凡的帝王身份。在那些故事当中，有一件不得了的神器——赶山鞭，使用它便能把巍峨的山脉当成羊群一样驱赶，轻而易举改变地貌景观。

传说，秦始皇想在东海之上架起石桥，到东方极地，也是日出之处看一看。有位神人听了他的祝祷，便扬起手中威力无敌的神鞭，命令山石自行入海，若行进速度慢了，就一鞭抽打在石头上，而石头竟能现出血痕。据说至今阳城的山上石块都向东倾斜，如同即将动身前往东海的模样。

与赶山鞭法力相似的还有驱山铎。传说，有渔人在宜春界钟山下垂钓时，从河里发现一枚金锁，金锁挂在数百尺的锁链上，顺着锁链他找到一枚似钟又似铎的神器。渔人把神器举起，顿时天色骤变，传出霹雳之声，山川震动，钟山随之崩摧了五百多丈，使得渔人沉舟落水。后人来此察看，见山的断面处如同被利器削平一样，只有神力可以做到。有人说这神器就是当年秦始皇用过的驱山铎，和赶山鞭是同样功能，不知是一种法宝幻化而来，还是二者配合使用。

赶山鞭之所以在传说中成为秦始皇的仙法神器，与他统一六国的功绩相关。秦国士兵神出鬼没，征战四方，迅速统一六国，人们愿意相信这是有神力相助。而秦始皇的威严震慑四海，甚至令无生命的山岩都恐惧顺从，这也是从神话角度展示了其暴虐带给百姓们的阴影。

赭鞭

原文

神农以赭鞭鞭百草，尽知其平毒寒温之性，臭味所主，以播百谷，故天下号神农也。

——《搜神记》

解说

上古时候，姜水之畔有一个部落，他们的首领率先学会了使用火，于是被许多部落推举为王，号称炎帝神农氏。有人说神农氏的形象是牛首人身，他曾尝遍百草，了解各种草药的寒温属性，创立了最早的草药医学。他还教会人们刀耕火种，培育作物，制作陶器，改善了上古人们的生活环境。

据传神农尝百草时，曾经一日遇到七十种毒物，十分危险，为了保全性命，又能顺利开拓草药研究之路，他制作了一件神器，叫作赭鞭。用赭鞭抽打一下植物，就能知道它是否有毒，是温性或是寒性，他从中挑选出适合种植的粮食作物和药物，传播开来，为古早的农业和医药学问打下了基础，这也是“神农氏”名号的由来。

降魔杵

原文

曾经锻炼炉中火，制就降魔杵一根。
护法沙门多有道，文辉遇此绝真魂。
——《封神演义》第五十九回

金光一道起空中，五彩云霞协用功。
鬼怪逢时皆绝迹，邪魔遇此尽成空。
皈依三教称慈善，镇压诸天护法雄。
今日黄河除七杀，千年英气贯长虹。
——《封神演义》第八十八回

解说

《封神演义》中，姜子牙身边有一位重要的辅助将领韦护，是阐教三代弟子，修为境界很高。韦护手中的武器是一柄降魔宝杵，可以祭在空中，当头落下打击对手，如泰山压顶一般。

韦护的降魔宝杵重达八万四千斤，拿在手中却轻得像草灰一样，而打在敌人身上则有万钧之力，可以轻易击杀对手，是镇压邪魔护三教大法之物。降魔宝杵一出，便能引出空中一道金光，旁边衬托着五彩云霞，十分壮观。

我们平日里提起降魔杵，通常是指佛教中的一种常见法器，韦护的形象来源是佛教中的护法神韦驮，因此他手持佛门法器也不奇怪。常见的降魔杵一头为金刚杵，一头是三菱杵，中间或镶或刻三尊佛像，分别呈现笑状、怒状、骂状，通常用来降伏魔念。降魔杵的材质，多数是由金、银、铜、铁、锡五种金属合成，也有木制。它曾经是古印度的一种兵器，后来被佛教引入，演变成一种法器，可消除一切罪障。

捣药杵

原文

仙根是段羊脂玉，磨琢成形不计年。
混沌开时吾已得，洪蒙判处我当先。
源流非比凡间物，本性生来在上天。
一体金光和四相，五行瑞气合三元。
随吾久住蟾宫内，伴我常居桂殿边。
因为爱花垂世境，故来天竺假婵娟。

——《西游记》第九十五回

解说

嫦娥奔月的故事在民间流传已久，相传月宫中有一只周身洁白的玉兔一直陪伴在嫦娥身边。其实早在秦汉时代，人们就开始用玉兔来代表月亮，后来这也成为古代诗词创作中常用的一种手法。那只玉兔一直在月亮上捣药，据说做成的药丸可以令人长生不死。而在《西游记》中，玉兔成精下了凡，还想和唐僧结为夫妻。

唐僧师徒四人行至天竺国，意外参加了一场绣球招亲，唐僧被选中做天竺公主的驸马。但这并不是个巧合，是玉兔精变化的假公主刻意为之。后来，婚宴被孙悟空破坏，假公主也现出真身，与孙悟空展开一场大战。因战不过，玉兔精逃到御花园的土地庙，取出一样武器，便是捣药杵了。捣药杵一头粗，一头细，用羊脂玉做成，一体金光，四相、五行、三元都在其上，鸿蒙初开时就已经是玉兔的武器，名头远在大圣的金箍棒之前。有人说玉兔用捣药杵捣了千年的药，吸收了太多奇花仙草的灵气，自然威力不可小觑。

悟空和玉兔精两人拿着两件神兵利器打了十数回合也没有分出胜负，可见捣药杵的实力，竟然能抵挡金箍棒的攻击。后来还是太阴星君赶到，收服了玉兔，带回广寒宫，才帮助孙悟空度过了此次劫难，但捣药杵的威名从此也流传开来。

金弓银弹

原文

仪容清秀貌堂堂，两耳垂肩目有光。
头戴三山飞凤帽，身穿一领淡鹅黄。
缕金靴衬盘龙袜，玉带团花八宝妆。
腰挎弹弓新月样，手执三尖两刃枪。
斧劈桃山曾救母，弹打棕罗双凤凰。
力诛八怪声名远，义结梅山七圣行。
心高不认天家眷，性傲归神住灌江。
赤城昭惠英灵圣，显化无边号二郎。

——《西游记》第六回

解说

二郎神杨戬在《西游记》中出场时，腰间挎着一支新月形状细弯的金弓，但他却不背箭囊，而是揣着一组银弹，可见他的随身武器不是弓箭，而是弹弓。

人们现在熟知的弹弓，是“Y”字形、用橡皮筋的张力发射弹丸的一种玩具，但其实这种弹弓出现的时间非常晚。古时候的弹弓和弓箭很像，只是不配羽箭，而是在弦上安装一个皮碗，用来发射丸状的暗器。杨戬佩戴的金弓银弹正是这种古时候就有的弹弓武器。

古人认为，弩生于弓，弓生于弹，可见弹弓的历史悠久。在很多古代画作中，弹弓常有出现，明朝《二郎搜山图》中就描绘了杨戬身边侍从一手拿着弓箭状的武器弹弓，弓弦中间安装了皮兜，另一手拿着几颗弹丸，这就是古代弹弓的形象，至今也有传统弹弓的传人在不断学习和精进这项技术。

二郎神近战是使用一把三尖两刃枪，十分著名，而金弓银弹则补足了他的远程攻击范围，让进攻能够变得更加灵活。他用这把弓发射出银弹，闪光耀眼，一击而中，打过九头虫，也曾经打翻孙悟空，战绩不俗。

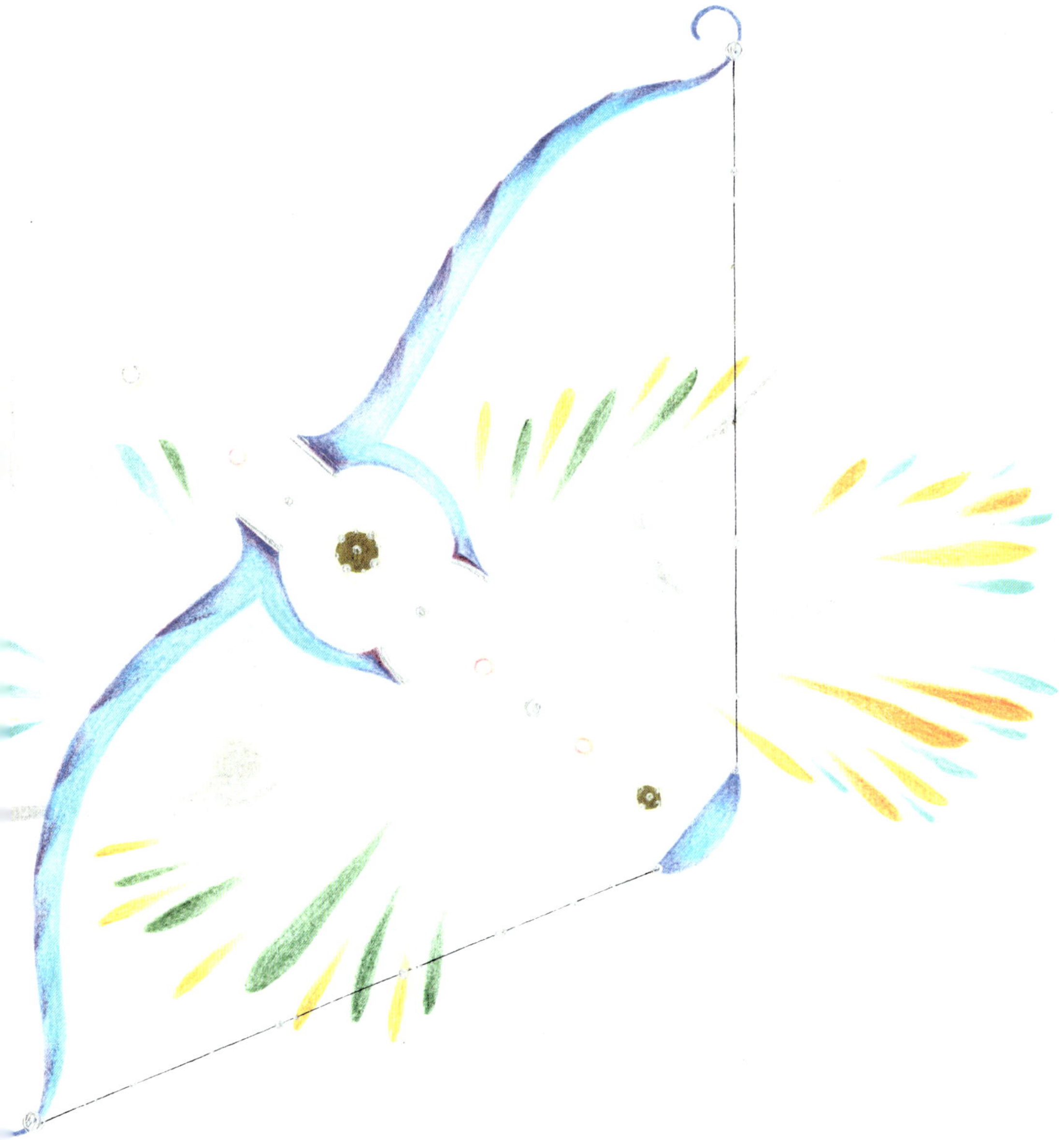

三尖两刃刀

原文

杨戬借三昧火眼，现出光华，照耀如同白昼。原来里面也大，只是一个尽头路。观看左右，并无一物，只见闪闪灼灼，一口三尖两刃刀，又有一包袱扎在上面。杨戬连刀带出来，把包袱打开一看，是一件淡黄袍。

——《封神演义》第五十五回

解说

三尖两刃刀是神话中二郎神杨戬所用的兵器，也有人简单称之为三尖刀。它是刀中比较另类的一种，属于长兵器，形态更像是枪。《西游记》中就称之为“三尖两刃枪”。刀的头部有三个尖，呈三叉状，刀身两面都有刃，也比普通的刀刃宽很多，攻击范围也因此扩大了许多，主要可以发挥“挑”“刺”“劈”“扎”等招式，也能随着二郎神使出法天象地的神通变得十分巨大。

其实这种形制的长柄双刃刀在西汉时就已经出现，但因《西游记》和《封神演义》在民间影响很大，其中二郎神的常用武器就是这种三尖两刃刀，所以人们就叫它做二郎刀。小说《封神演义》如此描述它的来历，杨戬奉师父的命令下山帮助武王伐纣，下山后遇到了妖精，便追到了一个山洞中。杨戬开启第三只眼查看，山洞里没有妖怪，却发现了“闪闪灼灼，一口三尖两刃刀”，从此这刀就成为杨戬最标志性的武器，一直陪伴左右。

乾坤弓震天箭

原文

哪吒心下甚是欢喜，便把弓拿在手中，取一支箭，搭箭当弦，望西南上一箭射去。响一声，红光缭绕，瑞彩盘旋。这一箭不当紧，正是：沿河撒下钩与线，从今钓出是非来。哪吒不知此弓箭乃镇陈塘关之宝，乾坤弓，震天箭，自从轩辕黄帝大破蚩尤，传留至今，并无人拿得起来。

——《封神演义》第十三回

解说

乾坤弓、震天箭相传是轩辕黄帝与蚩尤之战胜利后被遗留下来的一对上古宝物。乾坤弓由黄帝选泰山南乌号之柘、燕牛之角、荆麋之弭、河鱼之胶为原料精心制作而成。震天箭共有三支，虽可重复使用，但也十分稀有。

《封神演义》中，乾坤弓震天箭是陈塘关的镇关之宝，悬挂在城门楼上。据说黄帝大破蚩尤之后就再没有人能拉开这张弓。当时盛夏，哪吒爬上城门乘凉，发现了这张神弓。当时他的师父已经告诉他，将来他会为伐纣大战出力。因而当他发现了新武器，自然十分欢喜想要试试手，于是取了一支震天箭，搭在弓上，往西南方向射了出去。只听一声震天巨响，红光乍现，彩云在天空盘旋，哪吒哪里知道这武器的威力，使足了力气，令这一箭飞出数百里远，飞到骷髅山白骨洞石矶娘娘的地盘，一下射穿了门徒碧云童子的喉咙。石矶娘娘见童子惨死，又看到震天箭上还刻着“镇陈塘关总兵李靖”的字号，立刻找上门去寻仇。最后还是哪吒求助于师父太乙真人，才勉强躲过了一劫。

诛戮陷绝四剑

原文

非铜非铁又非钢，曾在须弥山下藏。不用阴阳颠倒炼，岂无水火淬锋芒？「诛仙」利，「戮仙」亡，「陷仙」到处起红光；「绝仙」变化无穷妙，大罗神仙血染裳。

——《封神演义》第七十三回

解说

诛戮陷绝是四把宝剑的合称，分别是诛仙剑、戮仙剑、陷仙剑、绝仙剑。它们原本属于《封神演义》中地位最崇高的大神鸿钧老祖，但在分宝崖上，这位最高大神座下把自己的法宝都分给了三位弟子——太上老君、元始天尊、通天教主。诛戮陷绝四把剑就在这时被分给了小徒弟通天教主，而后通天教主用这四把宝剑设下了诛仙阵，掀起血雨腥风。

这四把剑材质不是铜、铁、钢一类的普通金属，相传是取五金之精来铸造，不分日夜地淬炼而成。从四剑的名字就可以看出杀气极重，变化无穷，用它们配合着诛仙阵，即便是大罗神仙入了阵也只能血染衣裳。这四把宝剑各有杀伐之气，若四剑合一，即便元始天尊到场也无可奈何。幸而最终由八位法力高强的神仙一起合力，四位教主级仙人以八卦方位破阵，同时有四位门徒分别摘下悬挂在阵门上的诛戮陷绝四剑，才让诛仙阵破灭。后来，四剑之一的陷仙剑成为了十二金仙中玉鼎真人的武器，在万仙阵时再次大显神威。

火尖枪

原文

枪是邠州铁，炼成一段钢，落在能工手，造成丈八长。

刺虎穿胸连树倒，降魔锋利似秋霜，大将逢之翻下马，冲营踹阵士俱亡。展放光芒天地暗，吐吞寒雾日无光。

——《封神演义》第五十二回

解说

火尖枪，从名字就可以判断，是属于古代传统冷兵器“枪”的种类，是由利刃和长柄棍棒组成的攻击利器，主要用于刺击。枪的综合威力很大，在中国十八般武器中排名非常靠前，有“百兵之王”的称号。

《封神演义》小说中也将火尖枪称为紫焰蛇矛，说明枪的利刃侧呈紫色火焰状，蜿蜒如蛇，枪尖还可以喷火。火尖枪是斩妖除魔的神兵利器，也是哪吒的标志性武器，由邠州铁炼成的钢制成，长一丈八，单挑群战都很合适。当哪吒变成三头八臂的法身时，火尖枪也会一分为二，但威力不减。

这杆火尖枪是太乙真人在哪吒下山时赠予，希望他能辅佐姜子牙伐纣成功。哪吒不负众望，在众多战役中都表现英勇，立下赫赫战功。火尖枪在他手中就好像一条银龙飞出探着爪子冲向敌人，带起的寒气如同满天飞雪一样；收枪时就好比电光飞虹在空中纷飞，发出的声音像风雨俱来时的景象。

飞龙杖

原文

上复齐天大圣听，老人乃是李长庚。
须弥山有飞龙杖，灵吉当年受佛兵。

——《西游记》第二十一回

解说

杖，本义便是拐杖，后又泛指棍棒或武器刑具。飞龙杖却不是一般的拐棍，而是一件神奇的法宝。它是如来佛祖赐给灵吉菩萨的宝物，呈龙形，配合咒语就变成一条活龙，利爪如钩，像箭一样飞出去，奔向妖怪，一爪制敌。

唐僧师徒取经路上曾被黄风怪困在黄风岭，因为黄风怪有一项绝技叫做三昧神风，能吹暗天地，飞沙走石，甚至地裂山崩。连孙悟空的火眼金睛都被风刮得酸痛难忍，幸有太白金星变成老翁送来药膏，才得以缓解。伤愈之后，孙悟空变成一只小虫飞进黄风怪的洞穴里偷听，得知黄风怪不怕神兵天将，只怕灵吉菩萨。在太白金星的指引下，孙悟空飞到小须弥山，找到了灵吉菩萨，用如来所赐的宝贝飞龙杖抓住了妖怪。

飞龙杖应该有封锁神通一类的高超技能，所以才能让妖怪不得不在利爪之下现出原形。灵吉菩萨认出黄风怪的原形就是灵山脚下的得道老鼠，因为偷了琉璃盏里的灯油，才逃到了黄风岭成精作怪。最后灵吉菩萨把黄风怪带去见如来，这才了结了这次劫难。

降妖杖

原文

宝杖原来名誉大，本是月里梭罗派。
吴刚伐下一枝来，鲁班制造工夫盖。
里边一条金趁心，外边万道珠丝玠。
名称宝杖善降妖，永镇灵霄能伏怪。

——《西游记》第二十二回

解说

《西游记》中的几个主角，孙悟空使棒，猪八戒使钉耙，沙悟净使的是杖，叫降妖杖，也叫梭罗宝杖。

梭罗指的是月宫上的梭罗神木，曾经有妖怪故意嘲笑沙僧拿了个擀面杖就来打架，十分不体面，说明了沙僧的降妖杖是木头材质的。这根梭罗神木是月宫上伐木的吴刚伐下来的一枝，再由最懂木头的木匠大神鲁班制造，并把这根梭罗木的中心挖空，注入金芯，增加了几分柔韧，还在杖的外侧镶上了各种宝石，杖一挥起，霞光万道，瑞彩千条，看起来十分壮观。

降妖杖和猪八戒的九齿钉耙一样，重五千零四十八斤，能降妖伏怪，是玉帝赐给沙僧的武器，也可以变大变小，变粗变细。沙悟净在遇到唐僧之前，这根降妖杖已经在上界天宫中有了威名，和唐僧一起西行取经后，这根宝杖也参加了大小战役，为保护西行取经立下了诸多战功。

天罡刀

原文

菩萨接在手中，抛将去，念个咒语，只见那刀化作一座千叶莲台。菩萨纵身上去，端坐在中间。

——《西游记》第四十二回

解说

天罡刀是一件组合型兵器，一共有三十六把，使用时随分随合，千万变化。三十六这个数字对应着星辰天象，道教中有三十六天罡星的说法，一星对应一神，《水浒传》里也有三十六天罡星的设定。

“罡”这个字，上面是一个“四”，下面是一个“正”，其代表的意义是心、身、言、行四个方面的“正”，分别是道正，德正，法正，智正；体正，气正，精正，神正；语正，声正，韵正，音正；行正，立正，坐正，卧正。所以天罡刀最大的特点也是“正”，固然以正气降妖伏魔，气概不凡。

天罡刀是托塔李天王的武器，《西游记》中收服红孩儿的故事里，全靠李天王的天罡刀出马，才让观音成功带走了红孩儿。观音先命木吒向其父李天王借来天罡刀，又念咒令它们变化成一座千叶莲台，自己坐在上面。让孙悟空去假意战斗，把红孩儿引到跟前，观音化作了金光，故意留下莲台。红孩儿一看，以为自己得胜，高兴地跳上莲台，可此时莲台却露出三十六柄刀尖，戳得红孩儿皮开肉绽，又封锁了他的神通，使他不能施法，只能乖乖束手就擒。最后红孩儿被观音带走做了善财童子，修成了正果。

青云剑、混元伞、碧玉琵琶、紫金花狐貂

原文

青云剑：有秘授宝剑，名曰『青云剑』。上有符印，中分四字『地、水、火、风』，这风乃黑风，风内有万千戈矛。若人逢着此刃，四肢成为齑粉。若论火，空中金蛇搅绕，遍地一块黑烟，烟掩人目，烈焰烧人，并无遮挡。

混元伞：伞上有祖母绿、祖母印、祖母碧，有夜明珠、碧尘珠、碧火珠、碧水珠、消凉珠、九曲珠、定颜珠、定风珠，还有珍珠穿成四字『装载乾坤』。这把伞不敢撑，撑开时，天昏地暗，日月无光，转一转，乾坤晃动。

碧玉琵琶：上有四条弦，也按『地、水、火、风』。拨动弦声，风火齐至，如青云剑一般。

花狐貂：囊里有一物，形如白鼠，名曰『花狐貂』，放起空中，现身似白象，胁生飞翅，食尽世人。

——据《封神演义》第四十回 改写

解说

青云剑、混元伞、碧玉琵琶、紫金花狐貂是《封神演义》里魔家四将的武器，魔家四将的原型是佛教中的护法神四大天王，后来民间将二者对应起来，分别是增长天王魔礼青、多闻天王魔礼红、持国天王魔礼海、广目天王魔礼寿。

魔礼青是四人之首，手持青云剑。青云剑上有符印，写着四个字：地、水、火、风，这是佛教解释世界组成时使用的四种基本元素。它削铁如泥，剑一挥黑风四起，风中卷着千万戈矛，也透出万千杀意。火字符能引烈焰，如绞缠的金蛇，喷出遍地黑烟，一齐向敌人袭来。黑风与烈焰夹击之下，敌人无可逃遁，若是一着不慎，便会瞬间碎成粉末。

混元伞是魔礼红的武器。伞由明珠穿成，所以也叫混元珍珠伞。上面有祖母绿、祖母印、祖母碧、夜明珠、辟尘珠、辟火珠、辟水珠、消凉珠、九曲珠、定颜珠、定风珠，辉煌耀目，价值连城。伞上还有珍珠穿成的“装载乾坤”四个字，一旦撑开伞，顿时天昏地暗，日月无光；若转动伞柄，天地也会随之晃动。

碧玉琵琶是魔礼海的武器，琵琶的四根弦按照地、水、火、风排列，拨动琴弦就会发动神通，和青云剑有着异曲同工之妙。

魔礼寿的武器是紫金花狐貂，跟前面的三位相比，他的武器不是传统的冷兵器，而是一种活体。花狐貂在宝物囊中时像是貂鼠一般大小，放出来后可以变成象那么大，长有翅膀，一张血盆大口，是吃人的凶怪。

魔家四将原是为纣王镇守佳梦关的四个大将，战死后被姜子牙封为天庭正神。他们以“魔家”自称，莫不是仰仗手里的武器，虽然在战场上输了性命，却在民间赢得了四大天王的响亮名声。

风袋

原文

能吹天地暗，善刮宇宙昏。裂石崩山倒，人逢命不存。

——《封神演义》第五十回

解说

风袋是《封神演义》中菡芝仙的武器。菡芝仙的法术修为不算高超，却是很有义气的仙子。闻太师曾邀请道友赵公明助阵，可赵公明不敌周营异人，命丧疆场，他的三位义妹，人称三霄娘娘大为恼怒，便摆下九曲黄河阵向周营报仇。菡芝仙作为三霄娘娘的好友，义不容辞地一同下山，为她们助阵。

菡芝仙的风袋能放出漆黑的鬼风，致使山崖崩碎，日月无光，凡人遇到这股黑风会立刻命丧其中。不过它也有一个克星，就是定风珠。在战斗中，燃灯道人祭起定风珠，立即就让风袋失去了功效，趁此时姜子牙拿出了打神鞭，一鞭打到菡芝仙的天灵，使她枉死当场。后来姜子牙登台封神，将菡芝仙封为助风神，也就是人们常说的风婆婆。

人种袋

原文

老妖魔公然不惧，一只手使狼牙棒，架着众兵；一只手去腰间解下一条旧白布搭包儿，往上一抛，滑的一声响喨，把孙大圣、二十八宿与五方揭谛，一搭包儿通装将去，挎在肩上，拽步回身。众小妖个个欢然得胜而回。

——《西游记》第六十五回

解说

人种袋，也叫“后天袋子”，是弥勒佛的一件法宝。它看起来是个旧旧的白布搭包，如同凡人别在腰间装钱财的袋子，却能把任何妖魔鬼怪、人神仙圣收到其中，任其摆布。

有人认为《西游记》里的弥勒佛和人种袋借鉴了五代时布袋和尚的形象元素，布袋和尚总是背着一个布袋，见人乞物，得了物就放在布袋子里。从没见他从袋子里拿出来过东西，但他肩头的布袋却一直瘪瘪的，仿佛东西进了布袋就消失了一样。后世传说布袋和尚就是弥勒佛的化身，因此也将布袋当成了他的法器。

《西游记》中，唐僧师徒四人来到了一处高山，山上有一座小雷音寺，佛光普照。唐僧以为已经到了灵山，进了庙门倒头就拜，没想到却被潜藏庙中的黄眉怪捉住了。黄眉怪有三样厉害的法宝，其中一个就是人种袋，可以说是所向无敌。即便孙悟空请来了天上的多位神仙来助阵，最后也全都被人种袋收入囊中，无法脱身。还好弥勒佛现身，告诉悟空说，这个黄眉怪其实是他座下敲磬的童子，趁着弥勒佛去赴会的时候偷走了几样法宝，来到人间为非作歹。

弥勒佛在悟空手里用口水写了一个“禁”字，让他且战且退，把黄眉怪引到一片瓜田中，再让悟空变成一颗熟透的瓜，骗妖怪吃下去。随后孙悟空便在妖怪的肚子里翻江倒海，使其疼痛难忍，这才让弥勒佛收服妖怪，把人种袋中的唐僧师徒和各路神仙放了出来。

化血神刀

原文

丹炉曾锻炼，火里用功夫。
灵气后先妙，阴阳表里扶。
透甲元神丧，沾身性命无。
哪吒逢此刀，眼下血为肤。
——《封神演义》第七十四回

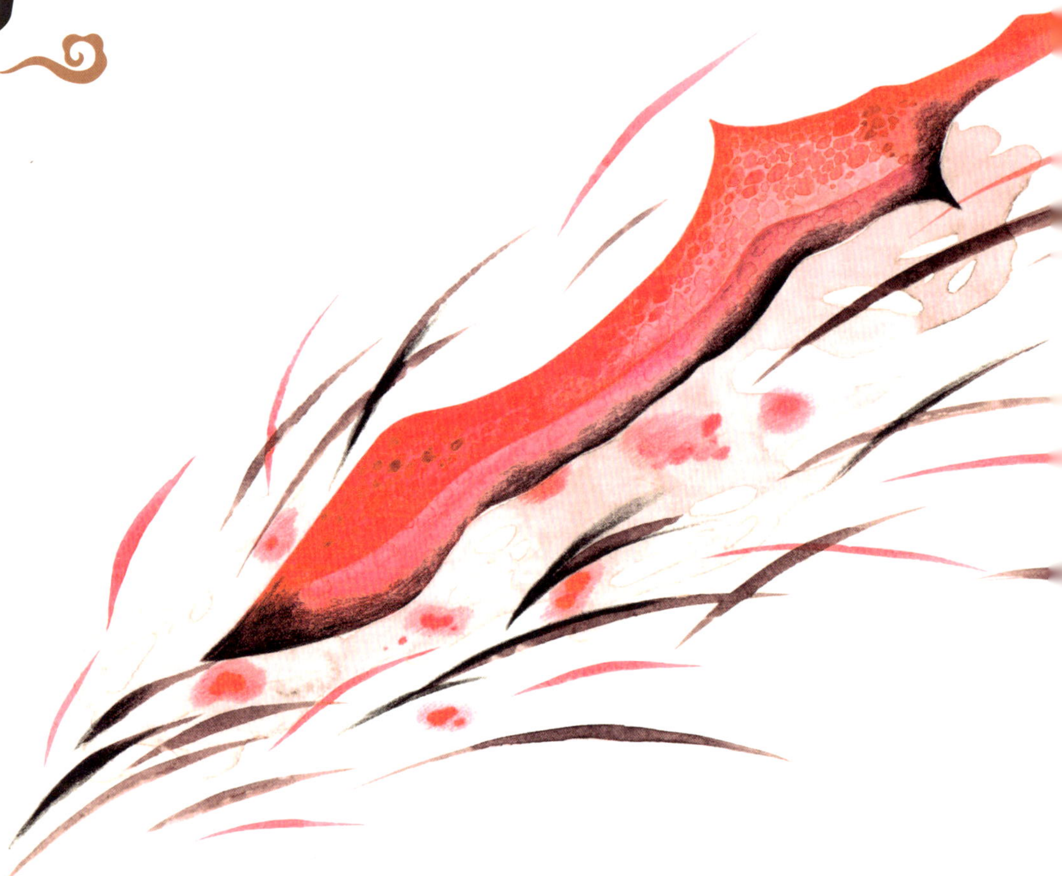

解说

化血神刀，是一种奇毒的暗器。封神一战，商、周两方派出了众多奇人，带着他们的神兵利器，在一次次对战中你来我往，彼此攻克。化血神刀正是损伤了西周几员大将的神物，威力奇大，是七首将军余化从他的师父一气仙人余元处获得的。

余化曾经是哪吒的手下败将，疗伤时得到师傅的宝贝，便信心剧增，想要再来挑战。虽然他的武功仍然不比哪吒，十几回合就露出了破绽，但他乘人不备抛出化血神刀，这刀一出，挥舞的痕迹化成电光闪过，光痕到过之处，凡人接触必死无疑，只要碰到血肉就会损伤元神，奇毒无比。哪吒本有轻敌之心，毫不犹豫地迎上前去，却没想到会被这般法器偷袭，躲闪不及，肩上挨了一刀。不过哪吒是莲花化身，并没有血肉之躯，虽然没有立即丧命，却也奄奄一息，被金霞童子带回乾元山养伤。

余化第二战用同样的方法砍伤了雷震子的翅膀，所幸雷震子的翅膀是两枚仙杏化成的，不是肉身，也没有损伤根本。而后上阵的杨戬也无法正面硬接化血神刀，只能将元神遁出，故意受伤，变成余化的模样，从余化的师父余元那里骗来了解药。

化血神刀是余元用三昧真火锻炼多年才炼成，神刀里蕴藏着阴阳变化，只有余元才懂得解毒之法，也仅炼制了三颗解毒之药。如果不是杨戬用计，令余化相信自己的法宝被破，分心之际被伤愈的雷震子一棒打来，丧命于疆场之上，只怕化血神刀还会打伤更多将领，且无药可医。

琉璃灯

原文

杨戬答曰：『弟子照马善，乃是一点灯头儿，不知详细。』傍有韦护曰：『世间有三处，有三盏灯，玄都洞八景宫有一盏灯，玉虚宫有一盏灯，灵鹫山有一盏灯。莫非就是此灯作怪？杨道兄可往三处一看，便知端的。』

——《封神演义》第六十三回

解说

琉璃灯本是一种传统灯具，是用琉璃、玻璃或纱做成透明的灯罩，上面还镶有宝石一类色彩艳丽的材料为装饰，一经火焰照射，色彩流转，非常美丽。在《封神演义》的故事里，琉璃灯被赋予了神奇的力量，灯焰能够化成人形，闯入战场与周营将领战斗。

话说殷商太子殷郊在进攻西岐的路上收服了两名副将，其中之一名叫马善，黄袍银甲，三绺长髯，虽然武功平平，却身负奇能，无论刀砍斧劈，都伤不了他一分一毫。即便将他押至刑场砍头，刀口却能立即愈合，就如抽刀断水一般；用三昧真火烧他，反而让他乘火光脱身。无计可施之时，杨戬从云中子处借来了照妖鉴一照，镜中只有一豆灯火，上下跳动。韦护据此分析道，传闻这世上有三盏神灯，分属玄都、玉虚宫和灵鹫山三处。杨戬前去查验，只有灵鹫山燃灯道人座前的琉璃灯灭了，以此确定马善就是琉璃灯中的灯芯幻化成的。

待燃灯道人赶到，见马善在阵前，抛起琉璃灯罩向下一罩，便将其收走，带回了灵鹫山。这灯芯常年在燃灯道人座下修行，自然也吸收了无边法力，没想到逃下山去成了精，变成伐纣路上的一道劫难。

混元金斗

原文

此斗开天长出来，内藏天地按三才。
碧游宫里亲传授，阐教门人尽受灾。
——《封神演义》第四十九回

解说

混元金斗这件法器曾属鸿钧老祖，在分宝崖上被分给了小徒弟通天教主，而后通天教主在碧游宫分发宝物时又将它赠给了亲传弟子三霄娘娘。

三霄娘娘分别是云霄、碧霄、琼霄，皆是赵公明的义妹，赵公明战死后，三霄娘娘在申公豹的挑唆下前来报仇，布下了九曲黄河阵。她们手中的混元金斗无人能敌，将元始天尊座下的十二金仙一网打尽，通通丢进了黄河阵中，广成子、赤精子一众金仙，入阵后皆蒙昧昏沉，天旋地转，甚至修为大减，即便被救出后也无法再腾云驾雾。

混元金斗之所以如此厉害，要从它的由来讲起。这金斗包藏了天地之妙，存在于开天辟地之前，《封神演义》中形容说，它能“将尽乾坤并四海，任他宝物尽收藏”。这斗内空间无限，既可收人又可收物，配上九曲黄河阵，便能让仙人失去元神，魂魄消散，损伤仙气，伤及原本。最后阐教的两位教主出马，才破了九曲黄河阵，收走混元金斗，将它送回了玉虚宫。

“混元”两个字，其实就是指混沌，开天辟地之前，说的就是天地间没有秩序的混沌状态，也可指人心智未明的幼儿时期。所谓“混元”，代表的是“初始”的意义。古时候，刚分娩出来的婴儿会落在净桶里，混元金斗也代表了人生育所用的净桶，新生命皆从此处化生。因此十二金仙落入混元金斗，立刻被削去了顶上三花，也就是变成了凡人，相当于回到了初始状态。

金蛟剪

原文

话说公明祭起金蛟剪，此剪乃是两条蛟龙，采天地灵气，受日月精华，起在空中，挺折上下，祥云护体，头交头如剪，尾交尾如股，不怕你得道神仙，一闸两段。

——《封神演义》第四十八回

解说

金蛟剪和混元金斗一样，也是通天教主赠予门下弟子三霄娘娘的法宝。赵公明曾借它来对阵燃灯道人，还把燃灯的座骑梅花鹿一剪两半。赵公明死后，金蛟剪回到了三霄娘娘手中，也在九曲黄河阵一役中，发挥了它的威力。

金蛟剪，顾名思义，形状似一把剪刀，由两条金色的蛟龙组成。它们采天地之灵气，吸日月之精华，法力强大，是杀伤力很高的利器。一旦祭出，两条金蛟的头颈交叉变为剪刀头，龙尾交织形成剪刀柄，周遭祥云聚合，只见金光一闪，就算是神仙也能当场变成两段。

在古代存在过很长一段时间的性别分工，从几千年前的原始社会起，纺轮和针线就被认为是象征女性身份的随葬品，历史上也常以女红来要求女性，催生出“乞巧”的风俗。因此，《封神演义》做为民间小说也反映了一部分当时的思想，比如三霄娘娘的法宝金蛟剪、混元金斗等，都符合她们的女性身份。

幽魂白骨幡

原文

万骨攒成世罕知，开天辟地最为奇。
周王不是多洪福，百万雄师此处危。

——《封神演义》第八十四回

解说

幡，是旌旗的统称，即用竹竿、木杆等长杆物挑起的长条旗状物品，主要作为宗教用品，显示庄严肃穆。而幽魂白骨幡，从名字中就可以感受到一股邪凶的寒气，想来也不是用在正统宗教仪式上的，而是代表旁门左道。

这件法器是由万根白骨骷髅组成的，通体雪白，形如招魂用的白幡，看起来阴森恐怖，至阴至邪。它的作用是攻击魂魄，无论什么人靠近，便会失魂落魄，陷入昏迷之中。幽魂白骨幡的主人卞吉，凭借此邪术活捉了南宫适、黄飞虎、黄明、雷震子四名周营大将，志得意满。但他不知道，周营中有一名异人，不是血肉之躯，也无三魂七魄，正是白骨幡的克星。这名异人就是莲花化身的哪吒，他对白骨幡的法力免疫，一路杀到卞吉面前，轻而易举地击败了他。

招妖幡

原文

唤彩云童儿把后宫中金葫芦取来，放在丹墀之下；揭去芦盖，用手一指。葫芦中有一道白光，其大如线，高四五丈有余。白光之上，悬出一道幡来，光分五彩，瑞映千条，名曰『招妖幡』。不一时，悲风飒飒，惨雾迷漫，阴云四合，风过数阵，天下群妖俱到行宫听候法旨。

——《封神演义》第一回

解说

随着《封神演义》的流传，妲己魅惑纣王自毁商汤社稷的故事已经是家喻户晓了，传说妲己是被千年狐狸精附体，才变成了红颜祸水，但这狐狸精却不是自发前来，而是接到了女娲大神的命令。

神话故事中的女娲是华夏民族的祖先神，有补天、造人、建立婚姻制度诸多功绩，为人类社会的发展作出了巨大的贡献。《封神演义》中，为了突出纣王的暴虐昏庸，设计了纣王进香女娲宫，为塑像的姿容倾倒，题写了一首淫诗的情节。随即女娲神震怒，便招来天下的妖怪，准备惩罚商纣。她座下的彩云童子拿出一只金葫芦，打开葫芦盖，现出了一道白光，有四五丈高，白光里慢慢浮出一道幡，发出了五彩夺目的光彩，这就是招妖幡。

招妖幡祭出，空中立刻惨雾弥漫，阴云密布，不时有妖风卷起。不出片刻，天下所有的妖怪全都来到了女娲宫听候指令，其中就有轩辕坟三大妖千年狐狸精、九头雉鸡精和玉石琵琶精，它们被选中，派往殷商朝中，惑乱君心，加速王朝的灭亡。这就是伐纣故事的伊始，也是其中一个重要的环节。

金霞冠

原文

未及数合，洪锦方欲用旗门遁以诛火灵圣母，但不知圣母头上戴一顶金霞冠，冠上有一淡黄包袱盖住，火灵圣母将包袱挑开，现出十五六丈金光，把火灵圣母笼罩当中。他看得见洪锦，洪锦看不见他，早被圣母把洪锦照前甲上一剑砍来。

——《封神演义》第七十一回

解说

金霞冠由火灵圣母打造，外形如精美的头冠，既是装饰，又是重要的法器。平时它被包裹在一个淡黄包袱中，不轻易示人，这是因为金霞冠自带耀眼的光芒，能照射三四十丈远，但这金光不是金霞冠的陪衬，而是暗藏杀机的利器。

万道霞光一旦射出，霎时间让人无法睁眼，等于卸下了防备，此时火灵圣母再念咒语，就可召来三千火龙兵群起攻之。火龙兵由火灵圣母专门训练，可以使出三昧真火。火灵圣母头戴霞冠，便隐没在金光里，光照之处无人能看到她，但她却能精准地瞄准敌人，指挥火龙兵突袭，杀声震天，火焰直冲云霄，所到之处都烧尽燃尽。

火灵圣母精通火系的法术，而金霞冠能遮蔽敌人的视觉感官，二者配合，可谓无往不利。但金霞冠也有自己的克星，一旦金光扫尽，火灵圣母的一切行动便暴露无遗，也就不足为惧了。

扫霞衣

原文

火灵圣母把金霞冠现出金光来；他不知广成子内穿着扫霞衣，将金霞冠的金光一扫全无。

——《封神演义》第七十二回

解说

不论如何了得的武器、法宝，必然存在弱点、克星。《封神演义》中商周两方战斗的精彩之处，不仅是两方人员武力的比拼，也包括彼此法器相争相克的过程。有的法宝本身并不出众，却能在特殊的场合发挥作用，例如广成子的扫霞衣，就正好是火灵圣母手中法宝金霞冠的克星。

广成子是玉虚十二仙之首，道术高深，也拥有许多法宝，这些法宝在商周之战中时常出现。其中与火灵圣母一战所用的就是扫霞衣。“扫霞”，意思是扫尽霞光，广成子算出火灵圣母会用金霞冠对付周营将士，便事先穿上了扫霞衣，在佳梦关等候火灵圣母现身。对阵时，火灵圣母亮出金霞冠，放出万丈光芒，但只消片刻，霞光尽褪，火灵圣母神通不再，反被广成子的番天印当头一击，命丧九泉。

封神榜上有名者都自有命数，可见当时的人们相信前缘注定。当然，在那样的故事框架下，万物有相生相克的道理，也常被用来解释邪不胜正的情节。

五彩仙衣

原文

是我将一件旧棕衣变作一领新霞裳，光生五彩，进与妖王，教皇后穿了妆新。那皇后穿上身，即生一身毒刺，毒刺者，乃棕毛也。

——《西游记》第七十一回

解说

人们总是好奇，神仙的穿着是什么样的，是否如《聊斋志异》中描述，仙人剪蕉叶化为衣装，或者是古代神话中仙女的羽衣，穿上便能飞升而去。在《西游记》的故事里也有一件神奇的仙衣，令人大开眼界。

故事要从朱紫国说起。朱紫国的国王还是太子时在一次郊猎中射杀了一只雄孔雀，而相伴的雌孔雀也殉情而死，没想到它们竟是西方佛母孔雀大明王菩萨的后代，孔雀明王诅咒国王与王后分离三年，作为惩罚。观音菩萨的坐骑金毛犼知道了，就下凡化作妖兽，把王后金圣宫娘娘掳走，企图霸占。金圣宫娘娘身处妖洞，恐惧不已，甚至意图轻生，这时紫阳真人出现，送给她一件五色光艳的仙衣。自从穿上仙衣，金圣宫娘娘的身上就像长满了刺一样，任谁都无法靠近，而她自己却行动如常，丝毫不受影响。如此三年，金圣宫娘娘才能安然无恙。后来唐僧师徒路过，孙悟空揭下皇榜，治好了国王的相思之症，又救回了王后，紫阳真人这才现身，收回了五彩仙衣。

原来这仙衣根本不是什么奇珍异宝，而是紫阳真人的一件旧蓑衣变化而成，上面布满棕榈树的棕毛，因此金圣宫娘娘穿了，就像长出了一身毒刺。国王射杀孔雀而遭受诅咒的故事显然是印度神话流变而来，中国本土的神仙真人加入，增添了故事的趣味性，可谓中外合璧，别有风味。

万鸦壶

原文

且说罗宣将万鸦壶开了，万只火鸦飞腾入城，口内喷火，翅上生烟。

——《封神演义》第六十四回

解说

万鸦壶是火系攻击中实力出众的法宝，属于火龙岛上的焰中仙罗宣。罗宣可以现出三头六臂法身，手持五样火系法宝，发动最大的火力攻击。

在《封神演义》里，申公豹一路搜集奇才异能之士，劝说他们加入殷商的队伍，对抗周营，罗宣也是被他邀请来参战的。彼时殷商的太子殷郊战败，正在帐中苦闷，有人来报帐外有一个戴着鱼尾冠、枣红面孔、穿大红八卦服的红头发道人，正是罗宣。

罗宣首战未捷，心里大怒，于是伙同师弟刘环一起趁夜色火烧西岐。他取出万鸦壶，放出上万只火鸦。火鸦漫天飞舞，飞入城中，嘴里喷火，翅膀扇起滚滚浓烟，烧得西岐城如落一片火海。即便周营的奇人异士也有三头六臂，依然阻挡不了熊熊烈火，幸好此时青鸾斗阙的龙吉公主前来，撒开雾露乾坤网，一下收走了火鸦，降了火势，这才让周营将士得了喘息之机。最终龙吉公主打败了罗宣，帮助姜子牙度过了一劫。

斩仙飞刀

原文

葫芦内有一线毫光，高三丈有余；上边现出一物，长有七寸，有眉有目；眼中两道白光反罩将下来，钉住了白天君泥丸宫。白天君不觉昏迷，莫知左右。陆压在火内一躬：『请宝贝转身！』那宝物在白光头上一转，白礼首级早已落下尘埃。

——《封神演义》第四十八回

解说

《封神演义》中的陆压道人看似是个纯粹的世外高人，不知师承何处，也不隶属任何教派，只知道他道术深厚，多次帮助西周取得战斗的胜利。他自创的两大独门武器，在整部作品中从来没有败绩，其中一个就是斩仙飞刀。

虽然叫做飞刀，但它的外形却是一只红色的葫芦。打开葫芦，便会射出三丈金光，光里隐隐约约显现出了一个有眉有眼的物体，长有七寸，像个活物一般。那双眼中发出两道白光，钉住敌人的元神，即便法术高超的白天君也逃脱不得，陷入昏迷之中。这时再叫一声:“请宝贝转身。”那活物一般的法器应声在对手头上转了一圈，首级便已落下。万仙阵后，陆压道人把斩仙飞刀送给了姜子牙，并教会了他使用诀窍，后来姜子牙用它取了白猿精袁洪和妲己的首级，前后总共五次使用，毫无虚发，从不失手。虽然斩仙飞刀无往不胜，但它鲜少用于打斗，而是经常作为斩首的刑具使用，十分奇特又令人胆寒。

紫金葫芦

原文

我这葫芦是混沌初分，天开地辟，有一位太上老祖，解化女娲之名，炼石补天，普救阎浮世界；补到乾宫夬地，见一座昆仑山脚下，有一缕仙藤，上结着这个紫金红葫芦，却便是老君留下到如今者。

——《西游记》第三十五回

解说

紫金葫芦长在昆仑山下的一根仙藤上，混沌初开时就已存在。太上老君经过这里，发现了藤上的葫芦，就摘走做成法器，平时用来盛装炼好的丹药。

紫金葫芦的威力不凡，但用法很有趣。《西游记》中金角大王、银角大王曾带着它下界作威作福，只要趁人不备举起葫芦叫一声对方的名字，对方一旦应声，就会被装到葫芦中，连孙悟空都曾中计。更厉害的是，此时在葫芦外部贴上一张符印，里面装的人不出一时三刻就能化成脓水。幸好悟空的身体是在八卦炉里炼过的，不然也要断送在这法器上。后来悟空变出个假葫芦，骗取了妖怪手里的真葫芦，以其人之道还治其人之身，把两个妖怪先后收进了葫芦。

后来才知道，金角大王和银角大王都是为太上老君炼丹的童子，是观音菩萨让他们在此处化成妖魔，考验唐僧师徒西行的决心。

阴阳镜

原文

又取阴阳镜付与殷洪：『徒弟，此镜半边红，半边白；把红的一晃，便是生路；把白的一晃，便是死路。』

——《封神演义》第五十九回

解说

“阴阳”，对立而统一，是中国传统文化中很重要的一个哲学概念。阴阳镜，融合了最深刻的对立统一概念——生与死。

阴阳镜有两个面，一面是白色的，为阴；一面是红色的，为阳。当用红色那一面照人，能使人起死回生；当用白色那一面照人，则会让人命丧当场。但阴阳镜只对血肉身躯有用，对没有魂魄的莲花化身全无效力，因此殷洪在与哪吒的大战中数次祭起阴阳镜，哪吒却浑然不觉，越战越勇。

殷洪是殷商二太子，拜入赤精子的门下，下山时发誓效忠西周，讨伐自己的父王。赤精子将自己所有的宝物都传给了殷洪，殷洪还发誓说如果违背师命，四肢俱成飞灰。但后来殷洪在申公豹的游说下背叛了师父的嘱托，造反攻打西周，而他的下场就真的应了誓，在太极图中灰飞烟灭。

照妖鉴

原文

玉帝即传旨宣托塔李天王，教：『把照妖镜来照这厮谁真谁假，教他假灭真存。』天王即取镜照住，请玉帝同众神观看。镜中乃是两个孙悟空的影子；金箍、衣服，毫发不差。玉帝亦辨不出，赶出殿外。

——《西游记》第五十八回

解说

照妖鉴也被叫作“照妖镜”，在许多古代神话中都有出现，多数时候其形象就是一面铜镜，可以照出妖魔的本相。

鉴原是一种水器，形似盆，盛水后人们可以从水中看见自己的倒影，相当于镜子的前身。古人相信自己的影子也是形体的一部分，因此镜子被赋予了特殊的含义，也被各种民间传说和小说故事借鉴，演变成了辟邪驱妖的法器。

小说情节中，每当遇到令人束手无策的对手，便要求助于照妖鉴，只有见到了妖魔的原形，才能对症下药找到破解的方法。在《西游记》里，托塔李天王曾以照妖镜来辨别真假美猴王。《封神演义》里，照妖鉴是云中子的法宝，被杨戬借来，在许多战役中照出了敌人的原形，找到了制服他们的方法。

民间风俗里也有照妖鉴的应用。古时候人们认为镜子可以让鬼魅现出原形，所以总是在大门上方挂一个铜镜，或者在阴气重的地方挂上一面小镜子，意图驱邪避凶，让邪魔自行躲避，就不会来侵扰家宅，从此和乐平安。

落魂钟

原文

黄天化不知殷郊有落魂钟。殷郊摇动了钟，黄天化坐不住鞍鞒，跌将下来。张山走马将黄天化拿了。及至上了绳索，黄天化方知被捉。黄飞虎见子被擒，催开五色神牛来战。殷郊也不答话，枪戟并举。又战数合，摇动落魂钟，黄飞虎也撞下神牛，早被马善、温良捉去。

——《封神演义》第六十三回

解说

落魂钟是《封神演义》中广成子的宝贝，后来传给了徒弟殷郊。殷郊下山后却违背了师父的嘱托，被申公豹挑唆后对西岐倒戈相向。

落魂，就是摇落魂魄，令人魂不附体，陷入昏迷之中。功效与殷洪的阴阳镜类似，但时效却不及阴阳镜。摇动落魂钟，虽能达到令敌人瞬间昏死的效果，却只能维持较短时间，而以阴阳镜白色一面照人，敌人会陷入假死的状态，必须再照红色的一面，才能解除。同时，落魂钟也有和阴阳镜同样的弱点，即仅对血肉身躯的对象有作用，对莲花化身的哪吒毫无效果。在西岐众将围攻殷郊的时候，他以番天印去打身具八九玄功的杨戬，而用落魂钟对着哪吒，结果二人皆无影响，继续作战，反而殷郊大惊，以为自己的法宝失效。而后哪吒祭出紫金砖，打在落魂钟上，霞光万道，此后这件法宝就再没有出现过。

金铙

原文

把行者合在金铙之中永不开放，只搁在宝台之上，限三昼夜化为脓血。

——《西游记》第六十五回

解说

铙是古代的一种打击乐器，通常是铜制，像草帽一样的形状，跟钹很相像，不同的区别在于铙的圆顶比较小和平，这样发出的声音相对就比较低。最早铙是在军中用来传递信息的，后来运用到了乐器演奏中。

《西游记》里，黄眉怪就有一对金铙，在唐僧师徒经过小雷音寺时，他用金铙把孙悟空收在其中，搁在宝台上，只需要三个昼夜就能化成一泡血水。孙悟空在金铙里找不到任何缺口可以脱身，用金箍棒四处敲打也不见任何变化。他变大，想要撑开金铙，金铙也跟着变大，他变小金铙也一样变小，始终贴合着，没有一丝缝隙。玉帝派来二十八宿星君，刀枪剑戟折腾了几个时辰都撬不开，只有亢金龙用自己头上的角，如针尖顺着金铙的合缝一点点钻了进去，孙悟空把自己变作菜籽大小，在亢金龙的角上打了一个钻眼儿，自己藏在里面，才终于被带出了金铙。脱身之后，金铙的威力似乎就消失了，被金箍棒打得粉碎。

后来得知，金铙原属弥勒佛，是重要的佛家圣物，而黄眉怪就是弥勒佛座下的童子。弥勒佛赶来收了黄眉怪时，最关心的也是金铙的去处，知道被悟空打得粉碎，念了一声咒，金铙恢复如初。

紫金铃

原文

那里是甚宝贝！乃是三个金铃。他将头一个幌一幌，有三百丈火光烧人；第二个幌一幌，有三百丈烟光熏人；第三个幌一幌，有三百丈黄沙迷人。烟火还不打紧，只是黄沙最毒。若钻入人鼻孔，就伤了性命。

——《西游记》第七十回

解说

紫金铃由三个金铃铛组成，是戴在观音菩萨的坐骑金毛犼脖子上的兽铃。金毛犼偷偷下界，变成妖魔，号称赛太岁，抢走了朱紫国的王后金圣宫娘娘，还时常派小妖袭扰朱紫国王宫，要求上贡。孙悟空受朱紫国国王之托，前去营救金圣宫娘娘，却被赛太岁的紫金铃击败，只能想办法偷走它们。

紫金铃的三个铃铛各有神通，第一个能摇出三百丈的大火烧人，第二个能摇出三百丈的烟雾熏得人无法动弹，第三个能摇出三百丈的黄沙，迷人眼睛，进退不得。尤其这第三个金铃，摇出的黄沙有剧毒，人一旦吸入就会立刻丧命。赛太岁一直把紫金铃贴身放置，不论什么情况都不会离身。最后还是孙悟空拔下毫毛变出许多跳蚤，咬得赛太岁浑身疼痒，不得已解下了紫金铃，在金圣宫娘娘的配合之下，孙悟空变出三个假金铃，掉包了宝物。

阴阳二气瓶

原文

那瓶乃阴阳二气之宝，内有七宝八卦、二十四气，要三十六人，按天罡之数，才抬得动。

——《西游记》第七十五回

解说

阴阳二气瓶，是一个高两尺四的宝瓶，需要三十六个人按照天罡之数排列，一起使力才能搬得动。瓶身上装饰着七种珍宝，既包含了八卦方位，又有二十四节气的历法。要是装了人，还能辨认声音，如果那人不说话，四周便保持阴凉，一旦发声，便有火焰顺着声音袭来。

这件法宝的主人是金翅大鹏雕，身世不凡。如来佛祖曾言混沌初开时万物滋生，走兽中最厉害的要属麒麟，飞禽中最厉害的就是凤凰，而孔雀和大鹏鸟都是凤凰的孩子，也都是吃人的凶兽。金翅大鹏雕号称云程万里鹏，传说它翼若垂天之云，一展翅就能飞过九万里。

孙悟空曾经被阴阳二气瓶收了进去，本来觉得阴凉，但在瓶中一开口说话，周围就烧起了火，他慌忙念起避火诀，而后就钻出了四十条蛇来咬他，再过一会儿又出现了三条火龙，把孙悟空缠住，不得脱身又炽热难挨。绝境之中，孙悟空拔下观音菩萨给他的三根救命毫毛，变成金刚钻破坏了瓶底才得以逃脱，随着阴阳二气泄出，阴阳二气瓶也就失去了神力。

四方旗

原文

燃灯曰：『事好了！如今正南用离地焰光旗，东方用青莲宝色旗，中央用杏黄戊己旗，西方用素色云界旗，单让北方与殷郊走，方可治之。』

——《封神演义》第六十五回

解说

《封神演义》中出现了四面神奇的旗帜，分别是中央杏黄戊己旗、正南离地焰光旗、东方青莲宝色旗和西方素色云界旗。故事中有一位殷郊太子，是广成子的徒弟，获取了师父赐予的番天印等神器，反而调转枪头，与西周阵营为敌。为了降服他，姜子牙等人借来了这四面旗帜，为的是克制他的番天印，封住他的退路，将他驱赶进预备好的陷阱之中。

四方旗的颜色与名称明显与五行五方的概念对应。其中中央杏黄戊己旗是元始天尊的法器，旗长一寸七，旗身玄黄色，展开时出现金莲万朵，能抵挡一切法宝或咒术的攻击。“戊己”正好处在天干的中央，黄色对应五行中的土，也是指中央方位。离地焰光旗对应南方，属火，因此是红色的，能混乱阴阳，颠倒五行。青莲宝色旗属于西方教主接引道人，但青色属木，对应的是东方，展开时发出金光万道，有白气升起，其中现出一颗舍利子。素色云界旗是瑶池金母的法器，又称为聚仙旗，展开它可以召集天上的仙人前往瑶池。素色也就是白色，对应五行中的金和西方。

姜子牙将这四面旗按东南西中的方位排布，独留北方不设兵众，就是为了把殷郊驱赶到北方，让他应了自己的誓言，受犁锄之厄。不过这段故事也给读者留下一个疑问，既然四方旗对应五行，就应该有第五面旗帜对应北方，却不知叫作什么。

皂雕旗

原文

只见那南天门上，哪吒太子把皂旗拨喇喇展开，把日月星辰俱遮闭了。真是乾坤墨染就，宇宙靛装成。

——《西游记》第三十三回

解说

皂雕旗，皂是指黑色，雕是一种大鹰。黑色的大鹰展翅飞出，必定会有一团黑云掠过的感觉，所以它又叫“遮天旗”，的确能够遮天蔽日。

《西游记》中，唐僧师徒在取经途中遭遇了金角大王和银角大王两个妖怪，孙悟空被压在大山之下，银角大王命令洞中小妖精细鬼和伶俐虫带着紫金红葫芦和羊脂玉净瓶去收孙悟空，反被脱身的孙悟空骗来打赌，只要他能用毫毛变出来的大葫芦装天，就用紫金红葫芦和羊脂玉净瓶两件法宝交换。

为了装天，孙悟空召来日游神、夜游神、五方揭谛神，让他们去请玉帝收起天空，玉帝很是生气，天怎么可能收起来呢？还是哪吒出了个主意，真武大帝镇守在北天门，他有一件法宝皂雕旗，只要借来皂雕旗，那在南天门一展，把日月星辰全都遮挡起来，天地皆暗，就好像天被收起来了一样。

有关皂雕旗的情节虽着墨不多，但也把它的威力展示一二，就其颜色与方位来说，正好与五行中的北方对应，或许皂雕旗就是《封神演义》中缺失的那一面，它可以和四方旗凑成五行五方五色旗。

落宝金钱

原文

萧升一见此索，笑曰：『来得好。』急忙向豹皮囊取出一个金钱，有翅，名曰『落宝金钱』，也祭起空中。只见缚龙索跟着金钱落在地上。

——《封神演义》第四十七回

解说

落宝金钱是武夷山的散仙萧升、曹宝的法器，它的形状像是一枚金钱，长有翅膀。因为《封神演义》是明代小说，落宝金钱自然而然被想象成圆形方孔铜钱的模样，然而小说描绘的背景是商周之际，那时候的人们一般使用贝币，即以较为稀少的贝壳作为一般等价物，而贵族们还会使用铜质的贝币，也就是用青铜铸成贝壳的模样，作为货币或者随葬品。

落宝金钱的设计非常有趣，当它被祭出时，能打落对手的所有法器，并且将其纳为己有，简直应了一句俗语“有钱能使鬼推磨”，能让落宝金钱的主人在斗法时立于不败之地。落宝金钱还可以用来演算天机，这反映了古代用铜钱占卜的现象。

落宝金钱看起来小巧无害，但它曾经打落赵公明的两大法宝——定海珠和缚龙索，战绩不凡。可惜的是，它只能针对法宝，对武器全无作用，当赵公明投来神鞭，落宝金钱便不能阻挡，它的主人萧升被一鞭击中脑门，命丧当场。这也说明，不论何种法器都存在破绽，这是一物降一物的道理，若没有相生相克的法宝比拼，神话中的战斗描写也就失去了真正的乐趣。

金钢琢

原文

老君道："有，有，有。"捋起衣袖，左膊上，取下一个圈子，说道："这件兵器，乃锟钢抟炼的，被我将还丹点成，养就一身灵气，善能变化，水火不侵，又能套诸物；一名'金钢琢'，又名'金钢套'。当年过函关，化胡为佛，甚是亏他。早晚最可防身。等我丢下去打他一下。"

——《西游记》第六回

解说

金钢琢在《西游记》中有两次出场。孙悟空大闹天宫之后逃回了花果山，玉帝派出二郎神前来捉拿，二人斗法数个来回，二郎神虽占上风，却始终无法活捉孙悟空。这时观音菩萨和太上老君都在云端观战，为助二郎神一臂之力，太上老君抛出了一个法宝，打在孙悟空头上，立即改变了局势，导致孙悟空被擒，那件法宝就是金钢琢。

金钢琢外形如同一个白森森的圈子，坚硬异常，从老子出函谷关时就一直戴在他的左胳膊上，养了一身的灵气。它善于变化，不怕水火，不论有形无形之物，都能被它套取，因此也把它叫作"金钢套"。

五百多年后，太上老君的坐骑青牛偷走了金钢琢，下界占山为王，还抓了唐僧。孙悟空上门挑战，不仅自己都丢了金箍棒，就连他请来的一众神仙罗汉的法宝也被一并套走，其中还包括水火雷电等无形之力。最后还是太上老君亲自出马才收服青牛精，拿回了金钢琢，还套在青牛的鼻子上，成了他的鼻环。

禁紧金三箍

原文

如来又取出三个箍儿，递与菩萨道：『此宝唤做「紧箍儿」。虽是一样三个，但只是用各不同。我有「金紧禁」的咒语三篇。假若路上撞见神通广大的妖魔，你须是劝他学好，跟那取经人做个徒弟。他若不伏使唤，可将此箍儿与他戴在头上，自然见肉生根。各依所用的咒语念一念，眼胀头痛，脑门皆裂，管教他入我门来。』

——《西游记》第八回

解说

孙悟空头上戴着一个紧箍，他的师父动怒时会念紧箍咒，紧箍就会收紧，令孙悟空疼得满地打滚。这个紧箍也算是齐天大圣形象的一个固定标签了，人们也常用紧箍咒来形容束缚人的事物。不过在《西游记》小说中，紧箍却不止一个，而是分为三种，是如来佛祖赐给观音菩萨的，用于帮助取经人约束弟子。

这种紧箍儿共有三个，配合金箍、紧箍、禁箍三篇咒语，其中紧箍戴在了孙悟空的头上，紧箍咒传给了唐僧。但后来取经之路上收的弟子都心悦诚服，又有了孙悟空的武力威慑，以至于不再需要另外两个箍儿来规训八戒、沙僧和白龙马，观音菩萨也就留下了它们。

在后来的故事里，孙悟空与黑风山的黑熊精打得不相上下，向观音菩萨求助，于是菩萨将禁箍套在了黑熊精的头上，念咒语令他头疼欲裂，从此收了野性，做了落伽山后的守山大神。而金箍则收服了红孩儿。红孩儿又称圣婴大王，能喷出三昧真火，四海龙王同时降雨也无法将其扑灭。而且红孩儿非常聪明，不仅识破了变成牛魔王的孙悟空，还变成观音菩萨的模样骗了猪八戒。孙悟空别无他法，只好请来真正的观音菩萨，菩萨先用天罡刀困住红孩儿，随后将金箍变为五个圈子，一个套在头顶，剩下的套在了四肢上。从此红孩儿再也无法兴风作浪，只好随菩萨回到紫竹林中修炼去了，而后修成了正果，成了善财童子。

五火七禽扇

原文

烈焰腾空万丈高，金蛇千道逞英豪。
黑烟卷地红三尺，煮海翻波咫尺消。
——《封神演义》第八十回

解说

五火七禽扇，又叫“五火神焰扇”“七翎扇”。五火是指空中火、石中火、木中火、三昧火、人间火，说明这把宝扇属火，集合了五大真火的威力。七禽是指凤凰、青鸾、大鹏、孔雀、白鹤、鸿鹄、枭鸟，都是神鸟，各有奇异之处。五火七禽扇就由这七种神鸟的羽毛制作而成，五彩斑斓，十分漂亮。上面施加了符印，背面题有口诀，可以帮助持有宝扇的人施展法宝的威力。

五火七禽扇的主人是道德真君，后来传给了他的弟子杨任。杨任本是殷商朝中大夫，因为正直敢言，被罚剜去双目，道德真君救了他，在他眼眶中放入仙丹，于是眼眶中长出两只小手，手心里又生出眼睛，手指张合，就像眨眼一样。杨任是文官出身，不善武功，因此若言语规劝不了，他就只能挥动手中的宝扇。一扇挥出，有万丈烈焰腾空，如金蛇狂舞，黑烟遮天蔽日，可以把山石烧成灰烬，将大海蒸干。就算是神仙遇到，也会神形俱灭。

芭蕉扇

原文

灵吉笑道：『那妇人唤名罗刹女，又叫作铁扇公主。他的那芭蕉扇本是昆仑山后，自混沌开辟以来，天地产成的一个灵宝，乃太阳之精叶，故能灭火气。假若扇着人，要飘八万四千里，方息阴风。我这山到火焰山，只有五万余里。此还是大圣有留云之能，故止住了。若是凡人，正好不得住也。』

——《西游记》第五十九回

解说

芭蕉扇原本是中国古代传统的一种纳凉物品，因形似芭蕉叶而得名，但制作材料不是芭蕉，而是蒲葵。《西游记》里，给芭蕉扇赋予了神奇的功能，变成了人们耳熟能详的知名法宝。

《西游记》小说里出现过两把芭蕉扇，一阴一阳，功用上存在差异。一是太上老君的芭蕉扇，太上老君常在兜率宫中炼丹，这把芭蕉扇就是他用来扇风旺火的，所以属阳，能扇出炎火之气。太上老君的童子变成金角银角两个妖怪，曾经偷了芭蕉扇下凡，占山作恶，后被老君降服。

另一把芭蕉扇属于铁扇公主，围绕它诞生了三借芭蕉扇的故事。唐僧师徒路过火焰山，被千里烈焰阻挡，当地人告诉他们去向“铁扇仙”借芭蕉扇，扇一下灭火，扇两下生风，扇三下降雨，只有借助它的力量才能安然翻过火焰山。这说明铁扇公主的芭蕉扇属阴，能扇出水气，克制烈火。经过一番斗争，孙悟空终于得到了芭蕉扇，他对着火焰山连续扇了四十九下，彻底熄灭了火焰，再也不会复燃了。

捆仙绳

原文

飞龙洞里仙绳妙，不怕莲花变化身。

——《封神演义》第五十四回

解说

捆仙绳是元始天尊座下十二仙之一惧留孙的法宝，是一件顶级的束缚型法器，除非知道驱动它的咒语，否则不管是仙人还是妖怪，一旦被绑住便再也挣脱不得。

惧留孙的徒弟土行孙，因受申公豹的欺骗，偷了师父的捆仙绳，下山进入了征讨西岐的邓九公的军队。他凭借地行术和捆仙绳，俘虏了不少周营将领，例如先锋官哪吒和黄天化。后来杨戬认出了他的法宝捆仙绳，找来了惧留孙，以指地成钢之术困住土行孙，这才收回了宝贝。

捆仙绳在《封神演义》之外的作品中也多有出现，如《西游记》中幌金绳，是太上老君的腰带，被金角银角两个妖怪带到凡间，交给了压龙大仙。幌金绳与捆仙绳一样，依靠特殊的符印和咒语，能随着念咒之人的心中所想驱动。主人若是不慎反被捆住，或是用手一指，或是默念咒语，绳子就即刻脱落下来。

七宝玲珑塔

原文

天王无奈，告求我佛如来。如来以和为尚，赐他一座玲珑剔透舍利子如意黄金宝塔，那塔上层层有佛，艳艳光明。唤哪吒以佛为父，解释了冤仇。所以称为托塔李天王者，此也。

——《西游记》第八十三回

解说

俗话说，救人一命胜造七级浮屠，这个“七级浮屠”的意思就是七层塔。在佛教中，塔是非常重要的建筑，用来存放佛经、舍利、佛教用品等。七层塔是最高等级的佛塔，托塔李天王手里的就是一座七级塔，名为七宝玲珑塔。

托塔李天王在民间小说里的形象似乎偏向道教，还和唐朝的名将李靖进行了身份融合，让人直觉上认为他是一个胡须飘飘，身穿盔甲的天君形象，那么他手里托着一座佛塔岂不是非常不搭？其实，托塔天王的原型来自于佛教的四大天王，只是传入中国后进行了本土化二次创造，这才诞生了新的人物形象，但他的佛教属性并未完全去除，其中七宝玲珑塔就是最为突出的证据。

除了托塔天王，他的儿子哪吒原本也是一个佛教神，天生就能降魔，出生七日便脚踏水晶宫，因与龙王结怨，自剔骨肉还于父母，世尊（即佛祖）看在他有降魔的能力，便用莲花作为他的身躯，令他复活。《西游记》中借用了这段故事，并说哪吒与父亲之间存在仇怨，为了震慑他，佛祖便把七宝玲珑塔赐给李靖，因此李靖总是托在掌上，并不常用塔对敌。后来《封神演义》再次丰富了故事，让七宝玲珑塔的功用有更具体的描述，能把敌人吸入，用火焚烧；也可以作为投掷法宝，正中对手顶门。

山河社稷图

原文

话说袁洪上了『山河社稷图』，如四象变化有无穷之妙，思山即山，思水即水，想前即前，想后即后，袁洪不觉现了原身。忽然见一阵香风扑鼻，异样甜美，这猴子爬上树去一望，见一株桃树，绿叶森森，两边摇荡，下坠一枝红滴滴的仙桃，颜色鲜润，娇嫩可爱。

——《封神演义》第九十三回

解说

山河社稷图，从名称就能看出它的宏大气魄。这是女娲娘娘的法宝，虽是一幅画卷，却有千万种变化，自成一个世界，就像《封神演义》中说的，“变化无端还变化，乾坤颠倒合乾坤”。将它挂在树上，它便幻化出山水场景，敌人走来，丝毫不觉自己已入画中，现了本相，再难逃脱。

杨戬以变化之术打败了梅山七怪，其首白猿精袁洪逃脱，杨戬难以追击之时，女娲娘娘送来山河社稷图，命杨戬前去叫阵，且战且退将白猿引入局中。

袁洪没有防备，走进了山河社稷图的世界，此地全随他意识变幻，想着山就出现山，想着水就出现水，想往前就往前，想往后就往后。如此这般，他不知不觉现出了白猿的真身，忘了身处战斗之中。忽然闻到一阵仙桃的清香，白猿奔去，眼前果然有一棵仙桃树，果实鲜润。

白猿经不住诱惑，摘下仙桃一口吞下，谁知如同被施了定身术一样，再也不能起身，就此被杨戬抓住，押赴刑场，姜子牙请出斩仙飞刀，斩下了白猿的头颅。

雾露乾坤网

原文

此宝有相生相克之妙，雾露者乃是真水，水能克火，故此随即息灭，即时将万只火鸦尽行收去。

——《封神演义》第六十四回

解说

罗宣火烧西岐时，曾用万鸦壶放出火鸦，如果不是龙吉公主赶到，撒开雾露乾坤网降下大雨，只怕整个西岐城都会变成一片废墟。

雾露二字不仅点明了法宝的水系特征，且具有美感，仿佛此网由露珠串成，晶莹剔透，又笼罩着层层水雾，仙气十足。乾坤表示天地空间，可见这张网的覆盖范围十分广大，能将天地收拢其中。

龙吉公主是瑶池金母的女儿，身份尊贵，随身法宝也是通天贯地，奇妙无匹，从名称来看，似乎大多与水有关，如四海瓶等。或许她与罗宣相继出场，应了真水对真火，体现了相克之道。龙吉公主谪居青鸾斗阙，只为重返仙界才加入周营，可惜万仙阵一战，她与丈夫洪锦一同丧生，成了封神榜上的一对星君，其中龙吉公主被封为红鸾星，主管姻缘。

番天印

原文

且说广成子见殷郊阻兵于此，子牙拜将又近，问燃灯曰：『老师，如今殷郊不得退，如之奈何？』燃灯曰：『番天印利害，除非取了玄都离地焰光旗，西方取了青莲宝色旗。如今止有了玉虚杏黄旗，殷郊如何伏得他？必先去取了此旗方可。』

——《封神演义》第六十五回

解说

番天印是一件十分霸道的打击型法宝，原是元始天尊的大弟子广成子的镇洞之宝。看过《封神演义》的都知道，太乙真人是十二仙中法宝最多的仙人，随后都传给了弟子哪吒。广成子也有一名弟子，名为殷郊，是纣王的长子，因不满母后被妖妃所害，拔剑犯上，被判处斩首之刑，于断头台上被广成子所救，从此拜入门下，潜心修炼，功成之后便要下山助周灭商。广成子将自己的法宝尽数传给了殷郊，包括番天印、落魂钟与雌雄剑。

谁知道殷郊下山之后，半路就遇到了申公豹。申公豹告诉他，他的二弟殷洪被周营的将士杀害，激得殷郊顿时改变阵营，反倒要向周营报仇。依仗手中的番天印，殷郊接连取胜，即便是师父广成子前来劝导，也不肯回头，反倒是广成子无法对抗自己的法宝番天印，只能仓皇而逃。

在数次战斗中，只要被番天印击中，不是当场毙命，就是现出原形。无论阐教还是截教的金仙高人，都不能与此印对抗。最终姜子牙等人借来了镇守三界的四色旗，展开之后，能令番天印悬在空中无法落下，这才最终抓住了殷郊。

金丹砂

原文

似雾如烟初散漫，纷纷霭霭下天涯。白茫茫，到处迷人眼；昏漠漠，飞时找路差。打柴的樵子失了伴，采药的仙童不见家。细细轻飘如麦面，粗粗翻复似芝麻。世界朦胧山顶暗，长空迷没太阳遮。不比器尘随骏马，难言轻软衬香车。此砂本是无情物，盖地遮天把怪拿。只为妖魔侵正道，阿罗奉法逞豪华。手中就有明珠现，等时刮得眼生花。

——《西游记》第五十二回

解说

金丹砂有十八粒，对应十八罗汉，存在如来佛祖的宝库中，不会轻易动用。唐僧师徒在取经路上遇到了一个独角兕大王，他是太上老君的坐骑青牛精，手中的法宝金钢琢能收走各路兵器，水火不惧，孙悟空丢了金箍棒，上天庭请来的救兵也输在妖怪手下，实在没了办法，只好去求如来佛祖，如来佛祖便命十八罗汉带着十八颗金丹砂随孙悟空去收妖。

到了妖怪洞口，孙悟空引出青牛精，空中的十八罗汉一齐抛下金丹砂，就像沙河倾泻一般，金砂像烟雾一样纷纷霭霭洒落下来，茫茫一片，无穷无尽。青牛精被迷了眼睛，头一低，见脚下已经被三尺深的金砂困住，使劲一跳，再落地又陷入其中。即便如此，妖怪还是拿出了金钢琢，一下子把十八粒金丹砂全都套了进去，让这次流沙攻击宣告失败。

幸而如来佛祖嘱咐过，如果金丹砂被收，就去找太上老君。最后青牛精被太上老君收服，带回了兜率宫。

定海珠

原文

话说赤精子执剑来取公明。公明鞭法飞腾。来往有三五合，公明取出一物，名曰定海珠，珠有二十四颗——此珠后来兴于释门，化为二十四诸天——公明将此宝祭于空中，有五色毫光，纵然神仙，观之不明，瞧之不见，一刷下来，将赤精子打了一交。

——《封神演义》第四十七回

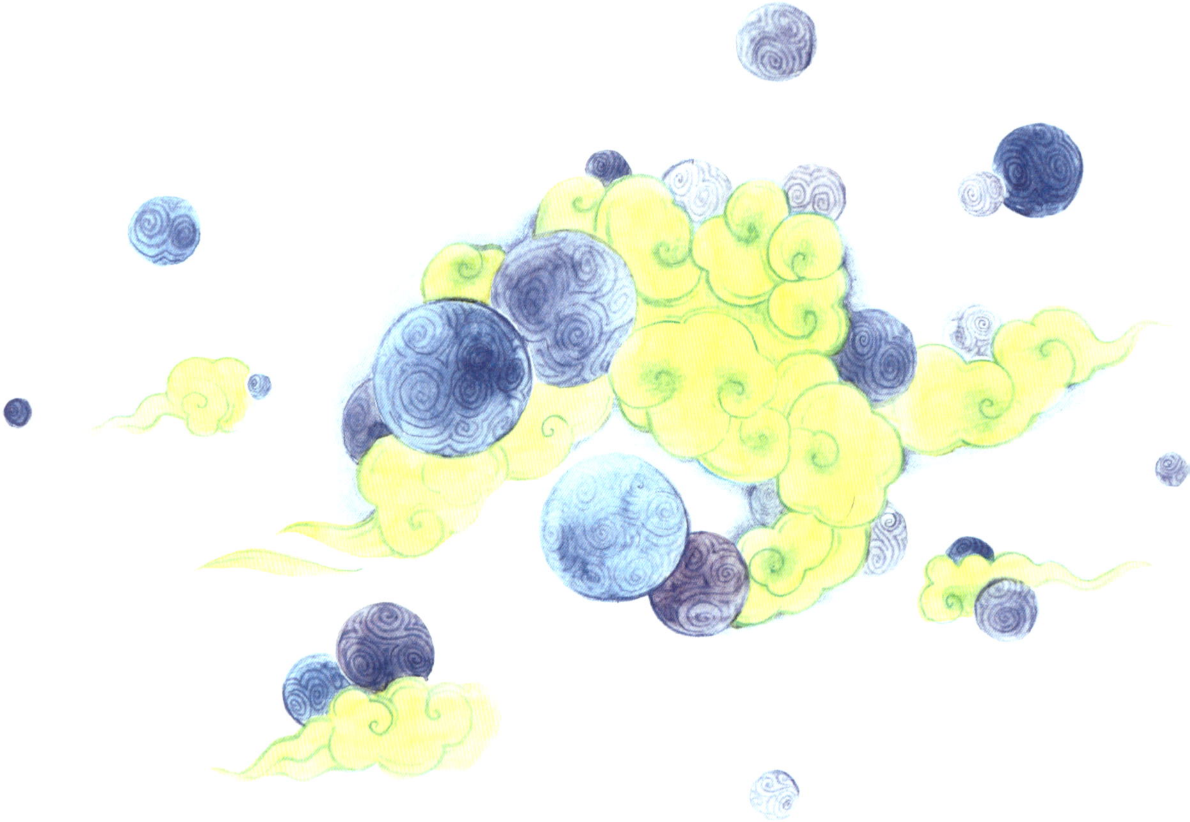

解说

《封神演义》有三大无上仙宫，包括元始天尊的玉虚宫，通天教主的碧游宫，太上老君的八景宫，其中八景宫又被称为玄都紫府。定海珠最初诞生于玄都，一共二十四颗，五光十色，光芒耀眼。后来这串宝珠到了通天教主的手中，又传给了徒弟赵公明。但是赵公明未能保有神物，遇到了散仙曹宝的落宝金钱，定海珠被打落，转赠给了燃灯道人。虽然多次易主，也曾被其他法器打落、收取，但定海珠的高强法力仍在显赫战绩中得到了充分的验证，赵公明曾依靠它打赢过五名玉虚金仙。

定海珠发动时，只是悬在半空放出光华，但即便神仙看来，也“观之不明，瞧之不见”，迷蒙之际，那二十四颗珠子唰一下打来，金刚之躯也要跌上一跤。后来燃灯道人进入释教，定海珠也变成了二十四诸天。

遁龙桩

原文

话说王魔、金吒恶战山下，文殊广法天尊取一物——此宝在玄门为遁龙桩，久后在释门为七宝金莲——上有三个金圈，往上一举，落将下来。王魔急难逃脱，颈子上一圈，腰上一圈，足下一圈，直立的靠定此桩。

——《封神演义》第三十八回

解说

“桩”是《封神演义》中比较少见的法器类型，遁龙桩又叫“七宝金莲”，是一个束缚型的法宝。它原本属于文殊广法天尊，其原型就是佛教中的文殊菩萨，后来传给了托塔天王的大儿子金吒。

遁龙桩的外形是个黄澄澄的木头桩子，有金莲为装饰，上面还有三个金圈。法宝一出，便有一阵云雾飘来，风声四起，扬起尘土，让敌人失去防备，看不清辨不明，就趁这个时候，上面三个圈同时奔向敌人，一圈扣住脖子，一圈在腰，一圈足下，瞬间把人困住。此时被擒之人在柱子上动弹不得，越动越紧，只能任人宰割。

遁龙桩可以擒人擒怪，也可擒仙擒神，曾经擒过哪吒、杨森、吕岳等。但也有败绩，魔家四将中的魔礼红就展开混元伞收走了遁龙桩，三霄娘娘的混元金斗也可以无视其攻击，连人带宝一并收走。

攒心钉

原文

此宝今番出紫阳，炼成七寸五分长，玄中妙法真奇异，收伏魔家四大王。

——《封神演义》第四十一回

解说

攒是积蓄、聚拢的意思，攒心钉可以解释为集中力量冲向心房的长钉，是一击必杀的暗器。攒心钉本是道德真君的法宝，长七寸五分，体形较大，与杀伤力成正比。道德真君的徒弟黄天化下山为周营助阵，却没能保持斋戒，还改换道服，导致输在魔家四将手下，战死疆场。道德真君救活了黄天化，并把攒心钉赠予他，助他战胜魔家四将，一雪前耻。

魔家四将的法宝个个厉害，如果正面硬碰，未必会输，但此前已有杨戬变化成花狐貂的模样潜入商营，还偷走了魔礼红的混元珍珠伞。魔家四将的法宝没了一半，仅靠青云剑和琵琶无法抵御快如闪电的攒心钉，这才血溅当场。

攒心钉发出时，放出五彩华光，有火焰金光从手掌中射出，十分玄妙。一钉打来，若穿心而过，敌人就当场而亡；穿过四肢，也会伤及根本，难以再战。除了全数歼灭魔家四将，黄天化还曾用它打伤辛环的肉翅，打穿了羽翼仙右臂，对伐纣大业作出了不可忽略的贡献。

万里起云烟

原文

不意时至二更，罗宣同刘环借着火遁，乘着赤烟驹，把万里起云烟射进西岐城内。此万里起云烟乃是火箭，及至射进西岐城内，可怜东、西、南、北各处火起，相府、皇城到处生烟。

——《封神演义》第六十四回

解说

万里起云烟是罗宣的法器之一，罗宣本是焰中仙，他所有的武器法宝都与火有关。《封神演义》中有一场十分壮观的火烧西岐之战，罗宣变化成三头六臂，一手拿照天印，一手拿五龙轮，一手拿万鸦壶，一手拿万里起云烟，还有两手使飞烟剑，四下火焰腾起，漫天都是火龙与火鸦，西岐城瞬间陷入一片火海。

在这其中，万里起云烟发挥了什么作用呢？从名称看，或许它能够放出烟雾，导致万里熏蒸，黑烟滚滚。其实在历史上确有此物，即古代的火器火箭，最早可以追溯到三国时期，在弓箭的箭头裹上浸了油脂的麻布，点燃射向敌方。《封神演义》成书的明代，已经有了鸟铳一类的火器，永乐年间还组建了神机营，当时这在全世界也是首屈一指的军事建制，或许万支火箭齐发的点子就是从这里得到的启发。

罗宣趁夜把万里起云烟射进西岐城，只见四处火起，处处生烟，百姓们在街上奔逃呐喊。赤焰有千丈多高，无法熄灭，就连大火烧毁房屋的声音都连成一片，可见其威力之大。

戮目珠

原文

奇珠出手焰光生，灿烂飞腾太没情。只说暗伤元始祖，谁知此宝一时倾。

——《封神演义》第五十回

解说

戮目珠是彩云仙子的法器，它的名字很直接，就是打人双目，专伤人的眼睛。戮目珠不只一颗，平时装在一只葫芦中，珠子一出手，焰光四射，快得人难以躲闪，还未回神便已中招。彩云仙子对阵黄天化时，一把戮目珠直接把黄天化打得翻下玉麒麟。后来与姜子牙过招，菡芝仙先放出黑风，遮蔽所有人的视线，姜子牙勉强睁开眼睛，彩云仙子立即射来戮目珠，将他打翻在地，幸好被杨戬救了回去，才没在阵前丧命。

彩云仙子见打伤两员大将，得意起来，随后三霄娘娘摆出黄河阵，与玉虚十二仙一番大战，彩云仙子也从旁协助。等到元始天尊驾临，三霄娘娘还未出战，彩云仙子就想偷袭，从后方发出戮目珠，不料那珠子还没到元始天尊的眼前就已经化成了灰尘。

太阳神针

原文

忽然桃花马走，一员女将用两口日月刀，飞出阵来，乃是高兰英来助张奎。这妇人取出个红葫芦来，祭出四十九根太阳金针，射住三将眼目，观看不明，早被张奎连斩三将下马。

——《封神演义》第八十六回

解说

太阳神针共有四十九根，合七七之数。七是一个很神奇的数字，在许多国家的神话里都有神秘的象征意义，在中国古代的阴阳五行学说中，七是阴与阳的分割点，是“阳之正”，暗示由阳转向阴。太阳神针的名称看似是至阳之物，本该正气昂扬，但它的数量透露出这其实是一种左道法宝，因为它的作用和戳目珠一样，也是刺伤对手双目，令其丧失抵抗能力，属于暗器的行列。

太阳神针也是装在葫芦里的，发动时祭出葫芦，神针爆射而出，就像太阳的光芒一样，无法阻挡。它的主人高兰英是《封神演义》里少见的女将之一，她的丈夫张奎也是一员猛将，夫妻俩法术高强，为了殷商守卫渑池关，击杀了周营多员将领，如土行孙与邓婵玉便是丧在他们手上。最后封神之时，姜子牙把张奎与高兰英分别封为“七杀星”与“桃花星”。

形瘟幡

原文

吕岳见周将有增，随将身手摇动，三百六十骨节，霎时现出三头六臂，一只手执形天印，一只手擎住瘟疫钟，一只手持定形瘟幡，一只手执住止瘟剑，双手使剑，现出青脸獠牙。

——《封神演义》第五十八回

解说

《封神演义》中有不少奇人，可以变化出多头多臂的模样，吕岳就是其中之一。吕岳的名字并不响亮，但说起瘟神，则如雷贯耳，人人避之而恐不及。当他变出法身，手上握着的诸多法宝，都和瘟疫有关——形瘟幡、瘟疫钟、止瘟剑、瘟癀伞等。

其中的形瘟幡是一柄暗藏瘟毒的幡旗，仿佛从里到外带着死亡的气息。吕岳是九龙岛上的炼气士，与九龙岛四圣同为游离三教之外的修道散人，他善于用毒炼药，也有自己独门的符印来控制法器，最擅长以病症攻击对手，让其丧失战斗的能力。他受申公豹邀请加入战局，先让自己的四个弟子出战，用头疼发躁等法宝令迎战的金吒等人重病不敌，随后又在整个西岐散播瘟疫，整个西岐的百姓立刻陷入病毒的折磨中，造成了极大范围的伤害。后来战败，吕岳逃回九龙岛，炼成了法宝瘟癀伞，布下了瘟癀阵，又来挑战，直到杨任带着五火七禽扇下山才破了这阵。

吕岳可以用法器散播瘟疫，但精通医药，可以治愈殷商将领在战场上受的伤。在民间，也有拜瘟神的习俗，希望能够保身体健康，远离疾病。

洞光之珠

原文

燕昭王时，有黑鸟白头，集王之所。衔洞光之珠，圆径一尺。此珠色黑如漆，而悬室内，百神不能隐其精灵。

——《太平御览》珍宝部·卷二引《拾遗记》

解说

传说燕昭王在位的时候，忽然有一天，一群黑身白头的大鸟纷纷聚集在他居住的宫室门前，它们带来了一颗神奇的珠子。珠子直径约一尺左右，通体漆黑，似乎不能透光发亮，然而燕昭王将它悬挂在屋内时，发现透过此珠，能看见一切精灵神鬼。“洞光”的原意是指透明、通亮，可为何一颗纯黑色的珠子却取名为洞光之珠呢?

那是因为这颗珠子就如同照妖镜，能让妖魔鬼怪现出原形，无形中驱赶了那些邪恶的力量，保护主人平安顺遂，起到辟邪的作用。据说自从得到了洞光之珠，燕昭王便能安睡枕上，再也不被邪魔侵扰。

乾坤圈 混天绫

原文

分开肉球，跳出一个小孩儿来，满地红光，面如傅粉，右手套一金镯，肚腹上围着一块红绫，金光射目。这位神圣下世，出在陈塘关，乃姜子牙先行官是也，灵珠子化身。金镯是乾坤圈，红绫名曰『混天绫』，此物乃是乾元山镇金光洞之宝。

——《封神演义》第十二回

解说

哪吒是中国神话中很重要的人物，从他神格的发展过程可以看出，他的身上兼具护法神和小儿神两种特质。佛教中的护法神大多凶恶威武，以杀伐震慑诸邪恶鬼，如怒目的金刚法王等等。而哪吒以小孩的形象出现，让杀气在他身上得以缓和，反而逐渐在民间形成了少年英雄的形象，更能贴近民众，因此他的成长故事家喻户晓，他使用的武器也令人们津津乐道。

有两件法宝最具辨识度，因为那是哪吒从娘胎里带出来的，可以说是他的标志，那就是乾坤圈和混天绫。

话说陈塘关总兵李靖的妻子怀孕三年六个月，突然梦见一个道人，将一个发光的灵珠投进了自己的肚子，一梦惊醒，便觉腹痛将要生产。谁知竟然生出了一个肉球，到处乱滚，房里异香弥漫，红光遍地，李靖以为妖异，拔剑砍去，肉球裂开跳出一个小孩儿，右手戴着一个金镯子，肚皮上围着一块红绫，金光闪闪。这时仙人太乙真人从天而降，收他为弟子，取名哪吒，并告诉李靖夫妇，哪吒手上的金镯叫做乾坤圈，腰缠的红绫叫做混天绫，都是他的护身法宝。

在《封神演义》中，哪吒注定会成为姜子牙手下讨伐殷商的先行将军，身世神异，乾坤圈与混天绫本是给他护身防御的，却也惹下了不少麻烦。哪吒七岁那年，在东海游水，谁知混天绫一旦浸入海水中，便染开一片红光，翻江倒海，连深海中的龙宫也被撼动，不愧其“混天”之名。龙王先后派出巡海夜叉和龙王三太子先后前来探察，但哪吒不以为意，双方一言不合便动起手来。乾坤圈虽是个镯子，却坚硬无比，力比泰山，即便哪吒是个七岁的顽童，也轻易击杀了巡海夜叉和龙王三太子。

这两个法器一个是圆镯，一个是方帕，融合了天地方圆的意义，可谓乾元山的洞中秘宝。哪吒变成莲花化身之后，它们也跟随主人上了战场，建立赫赫功勋。

风火轮

原文

两朵莲花现化身，灵珠二世出凡尘。
手提紫焰蛇矛宝，脚踏金霞风火轮。
豹皮囊内安天下，红锦绫中福世民。
历代圣人为第一，史官遗笔万年新。

——《封神演义》第十四回

解说

《西游记》中的描述里，哪吒有三头六臂法身，他的六只手拿着六个法器，分别是砍妖剑、斩妖刀、缚妖索、降魔杵、绣球和火轮儿，用以降妖除魔。而《封神演义》的描述则不同，哪吒有三头八臂，手持两根火尖枪、乾坤圈、混天绫、九龙神火罩、紫金砖与阴阳剑，足下还踏着风火轮。这两种形象其实都符合哪吒在中国神话中降魔护法的形象，只是这风火轮和火轮儿是否是同一法宝呢?

其实，火轮儿和风火轮一样，都是从道教中王灵官的火轮演化而来。王灵官是火神、降魔之神，他有一个火轮，既可以拿在手中，放出火焰烧尽邪魔，又可以踩在脚下，日行千里。《西游记》中采用的是手持火轮儿的功效，哪吒曾将这火轮挂在牛魔王的角上，吹出真火，烧得牛魔王奔腾狂啸，最终拜服认输。到了《封神演义》中，则采用了它交通工具的功能，而且把它一分为二，成为了两个轮子，还造就了哪吒的经典形象，沿用至今。风与火本就相辅相成，常见风助火势的情形，如此形成两个轮儿，可以说既是从一而来，又能合二为一。

九龙神火罩

原文

且说太乙真人罩了石矶，石矶在罩内不知东西南北。真人用两手一拍，那罩内腾腾焰起，烈烈光生，九条火龙盘绕，此乃三昧神火，烧炼石矶。一声雷响，把娘娘真形炼出，乃是一块顽石。

——《封神演义》第十三回

解说

九龙神火罩原属太乙真人，不知外形如何，只知其中有九条火龙，喷吐三昧真火，围绕罩住的敌人，瞬间将其烧得形销骨碎，灰飞烟灭。太乙真人的徒弟哪吒年幼顽劣，杀伤石矶娘娘的徒弟，石矶娘娘找上门来，轻易地收了乾坤圈与混天绫两件法宝，哪吒慌忙逃往乾元山找师父帮忙，太乙真人劝说无果，最终祭出九龙神火罩，将石矶娘娘炼为原形。石矶娘娘的本体是一块顽石，生于天地玄黄之外，经过地水火风之劫，才终于修成精灵，却一朝道行尽丧，连人形也保不住，直接变回了没有生命的物体，可见九龙之火的厉害。

后来玉虚十二仙会破十绝阵，太乙真人再次出手，以九龙神火罩将化血阵的阵主孙天君烧成飞灰，可以说例无虚发。但有一点破绽，如果遇到会地行术的对手，便有可能从地下逃脱。在哪吒吃下火枣，显现三头八臂的法身之后，太乙真人就把九龙神火罩赐给了他，成为了哪吒纵横疆场的重要法宝之一。但对阵七杀星张奎时，虽有九龙神火遍地围堵，却不料张奎精通地行术，甚至比土行孙还快几分，因此脱逃数次，还让周营接连损失了几员大将。

五色笔

原文

廉广者，鲁人也。因采药，于泰山遇风雨，止于大树下。及夜半雨晴。信步而行。俄逢一人，有若隐士。问广曰：『君何深夜在此？』仍林下共坐。语移时，忽谓广曰：『我能画，可奉君法。』广唯唯。乃曰：『我与君一笔，但密藏焉。即随意而画，当通灵。』因怀中取一五色笔以授之。广拜谢讫，此人忽不见。尔后颇有验。但秘其事，不敢轻画。

——《太平广记》卷二一三引《大唐奇事》

解说

许多人小时候都看过《神笔马良》的故事，神仙送给马良一只神笔，画出什么就能变成真实的什么，善良的马良便利用神笔惩戒贪心的恶人，帮助贫苦的百姓。这个故事中的神笔其实有原型，而且早在唐代便有记载，被称为“五色笔”。

五色笔，是一件能让人心想事成的法器，用它作画，画什么就有什么，画活物就动起来，画物件就到了手里。传说中有个叫廉广的山东人，非常喜欢画画，一天，他在泰山上采药的时候遇到了暴风雨，就在大树下躲着。到了半夜，雨终于停了，正要回家，忽然遇见了一位隐士。交谈中隐士给了廉广一支笔，说你可以拿着这支笔随意作画，画什么就有什么，但只一件事，这是个秘密，绝对不能告诉其他人。这支笔就叫作五色笔。

廉广拿了笔，回家屡次试画，竟然真的灵验。但因为需要保守这个秘密，从此便不敢轻易作画。后来有个姓李的县令，特别喜欢画画，听说了廉广画技高超的名声，就请他来，希望他能当场作画。廉广不愿，但又经不住县令苦劝哀求，廉广只好提起笔，在墙上画出两伙交战的鬼兵。谁知到了晚上，这些鬼兵就真的从墙壁上冲出，混战起来。

廉广害怕自己会被治罪，连夜逃往下邳。下邳的县令听说此事，也来找他，为防再出现鬼兵交战的乱象，便令他画一条龙。廉广无奈，只能从命，而最后一笔刚收，便有云雾腾起，画上的龙驾雾腾云游了出来，冲霄直上，带来滂沱大雨，很快引发洪灾。县令便认定廉广一定有妖术，把他关进了大牢。

廉广苦闷，梦中又见神人点拨，于是遵照指示，画了一只大鸟，驮着他飞回泰山，再次来到那个隐士面前。原来隐士是一位神仙，他说："本来是为你招福的五色笔，都因为你泄露天机，反给自己招来了厄运，我看还是收了这笔的神通吧。"

从此，廉广就再也不画画了。

照海镜

原文

宜兴西北乡新芳桥邸，农耕地得一物，圆如罗盘，二尺余团围，外圈绀色，似玉非玉；中镶白色石一块，透底空明，似晶非晶，突立若盖。卖于镇东药店，得价八百文。塘栖客某过之，赠以十千。至崇明卖之，得银一千七百两。海贾曰：『此照海镜也。海水沉黑，照之可见怪鱼及一切礁石，百里外可豫避也。』

——《续子不语》卷九

解说

照海镜，传说清朝时出土在宜兴西北乡的新芳桥处，是农民耕地时从土里挖出来的。农夫见个罗盘大小的圆形物体，材质似玉非玉，直径也就半尺左右，外圈红黑色，中间镶嵌着一块白色的石头，颜色清亮空明，像水晶一样。这块白色的石头的外围形状凸出，像个杯盖一样，也可作为支撑令铜镜能立在平面上。

那个挖出了照海镜的农夫只当它是寻常的古物，把它卖到镇东的药店，得了八百文钱，可见并不知道这个镜子的妙用。有个路过此地的客商，以一万钱买下，到了崇明立即转手，这一卖就卖了一千七百两银子，翻了不知道多少倍。

一块不起眼的罗盘怎么会值这样的价钱？一定是买的人看出了它的妙用。据海商所说，这镜子叫作照海镜。深海里是没有光的，黑漆漆一片，但只需用照海镜一照，就能看到其中来往的鱼蟹和暗藏的礁石，行船之人若有此镜，可在百里之外便准备撒网捕捞或避开礁石。可以说，照海镜是一面兼备奇特与实用性的宝物。

图书在版编目（CIP）数据

有英气：兵器传说图典 / 五色神石著 . -- 北京：
中国致公出版社，2020
ISBN 978-7-5145-1665-4

Ⅰ . ①有… Ⅱ . ①五… Ⅲ . ①兵器（考古）—中国—图
集 Ⅳ . ① K875.82

中国版本图书馆 CIP 数据核字 (2020) 第 073463 号

有英气：兵器传说图典 / 五色神石 著

出　　版　中国致公出版社
（北京市朝阳区八里庄西里 100 号住邦 2000 大厦 1 号楼西区 21 层）
发　　行　中国致公出版社（010-66121708）
特约编辑　兰心仪
责任编辑　丁琪德
装帧设计　苏　玥
印　　刷　北京市十月印刷有限公司
版　　次　2020 年 10 月第 1 版
印　　次　2020 年 10 月第 1 次印刷
开　　本　787mm×1092mm　1 / 16
印　　张　8.25
字　　数　60 千字
书　　号　ISBN 978-7-5145-1665-4
定　　价　88.00 元